"十五五"普通高等教育劳动教育系列教材

大学生劳动教育实践教程

张宏雷　马丽梅◎主　编
梅　梅　赵　晶　王建康　张　萍　何　伟◎副主编

中国铁道出版社有限公司
CHINA RAILWAY PUBLISHING HOUSE CO., LTD.

内 容 简 介

本书依据中共中央、国务院《关于全面加强新时代大中小学劳动教育的意见》和教育部《大中小学劳动教育指导纲要（试行）》等政策文件精神编写，构建了“理论认知—技能实训—创新实践”三位一体的劳动教育体系。

本书在内容上展现出新颖性与全面性，构建了一个多元化、立体化的实践体系。全书共七章，包括农业劳动、木工、电子产品制作、编筐、校园打扫、图书整理、内务整理。每章都首先进行理论知识的讲解，再详细介绍实践内容，对实践方法进行深入浅出的讲解与演示，配备直观的示范，助力学生快速、精准地掌握相关劳动实践技术，也为学生留下创新实践的空间。此外，每个实践任务还注重培养学生“预判风险—规范操作—应急避险”的系统思维，为学生的劳动实践保驾护航。

本书为新时代高等院校劳动教育实践课程打造，适合作为普通高等院校“大学生劳动教育”实践课程的教材或参考书。

图书在版编目（CIP）数据

大学生劳动教育实践教程 / 张宏雷，马丽梅主编.
北京 ： 中国铁道出版社有限公司，2025. 8. --（“十五五”普通高等教育劳动教育系列教材）. -- ISBN 978-7-113-32498-8

Ⅰ. G40-015

中国国家版本馆CIP数据核字第2025DJ5615号

书　　名：大学生劳动教育实践教程
作　　者：张宏雷　马丽梅

策　　划：闫钇汛　　　　**编辑部电话：**（010）63549508
责任编辑：闫钇汛
封面设计：高博越
责任校对：安海燕
责任印制：赵星辰

出版发行：中国铁道出版社有限公司（100054，北京市西城区右安门西街8号）
网　　址：https://www.tdpress.com/5leds
印　　刷：中煤（北京）印务有限公司
版　　次：2025年8月第1版　2025年8月第1次印刷
开　　本：787 mm × 1 092 mm　1/16　**印张：**12　**字数：**308千
书　　号：ISBN 978-7-113-32498-8
定　　价：52.00 元

前言

劳动教育是新时代高校落实“五育”并举体系的起点和落脚点，旨在培养学生正确的劳动价值观、实践能力和创新精神。编者针对“大学生劳动教育”实践课程，立足国家《关于全面加强新时代大中小学劳动教育的意见》要求，结合高校人才培养目标，致力于构建“理论认知—技能实训—创新实践”三位一体课程体系。课程通过劳动精神传承、劳动技能训练、劳动成果转化三大模块，助力学生理解劳动本质、掌握通用技能、投身社会实践，为培养德智体美劳全面发展的社会主义建设者提供有力支撑。

本书以“传承劳动精神、服务专业成长、赋能职业发展”为核心理念，依托“系统性、实践性、开放性”的编写原则，构建“认知—体验—创新”渐进式学习路径，紧扣高校劳动教育课程目标，融合劳动教育通识性与专业特色，既强调劳动价值观的塑造，又注重通用技能与专业劳动能力的衔接，形成“价值引领、能力本位、知行合一”的编写思想。

本书在内容上展现出新颖性与全面性，构建了一个多元化、立体化的实践体系，包含农业劳动、木工、电子产品制作、编筐、校园打扫、图书整理、内务整理共七章。农业劳动聚焦农业耕作与生态认知，帮助学生理解劳动与自然共生，掌握基础农业技术，培养学生积极服务新农村建设的情怀；木工实践立足于制作便携式折叠凳，让学生体会传统技艺与现代制造的融合，感受工艺传承与创新的魅力；电子产品制作的任务是进行金属雕塑焊接与简单的电子工艺品设计制作，同时掌握安全规范，提升艺术创造力；编筐实践的任务是制作藤条器皿，传承非遗手工艺，理解材料与美学；校园打扫的目的是通过对公共区域清洁，以及进行垃圾分类，强化集体责任感，树立环保意识；图书整理的内容涉及书籍分类、编码上架等工作，皆在培养学生系统性思维与信息管理能力；内务整理包含宿舍卫生及物品整理，其目的是提升学生生活自理能力，践行高效生活理念。各章在编写时细致入微、尽显人性化，着重培养学生“预判风险—规范操作—应急避险”的系统思维，为学生的劳动实践保驾护航。

本书具有三大特色：

（1）德育浸润，将工匠精神、生态理念、文化传承等价值观融入实践环节。

（2）跨界融合，打破学科壁垒，实现工程技术、艺术设计与人文社科的有机贯通。

（3）能力进阶，从田间认知到智能创作，从传统技艺守护到生活美学建构，形成递进式能力成长路径。

本书通过设置七个实践任务，形成从传统技艺到现代科技、从个体技能到公共责任的立体化培养框架。每章通过“设计—制作—优化—展示”的项目制学习周期，实现理论拓展、规范训练与成果评价的深度融合。

本书由北京石油化工学院工程师学院大学生劳动教育教研团队联合企业一线工匠共同编写，张宏雷、马丽梅任主编，梅梅、赵晶、王建康、张萍、何伟任副主编，并邀请2021年度“大国工匠年度人物”、2025年“全国劳动模范”、国家非遗项目——龙顺成“京作硬木家具制作技艺”代表性传承人刘更生参与案例审校。

受限于编者的水平，书中疏漏在所难免，恳请广大师生批评指正（zhl716@126.com），共同完善新时代高校劳动教育教材体系。

编　者

2025年5月

目　录

第 1 章 农业劳动

在科技高速发展的今天，农业劳动仍具不可替代的价值。2025 年中央一号文件强调以科技创新培育农业新质生产力，通过高科技、高效能、高质量的发展路径，推动产业融合，保障粮食安全与绿色可持续发展。教育部《大中小学劳动教育指导纲要（试行）》要求将农业劳动纳入教育体系，引导学生在参与实践的过程中树立正确劳动观，既掌握现代农业知识技能，体会劳动创造价值的深刻内涵，继承勤俭节约传统，又通过躬耕实践感受科技赋能农业的变革，理解产业融合的时代意义，养成认真负责、坚持不懈的劳动品质，为投身强国实践奠定坚实基础。

知识导图

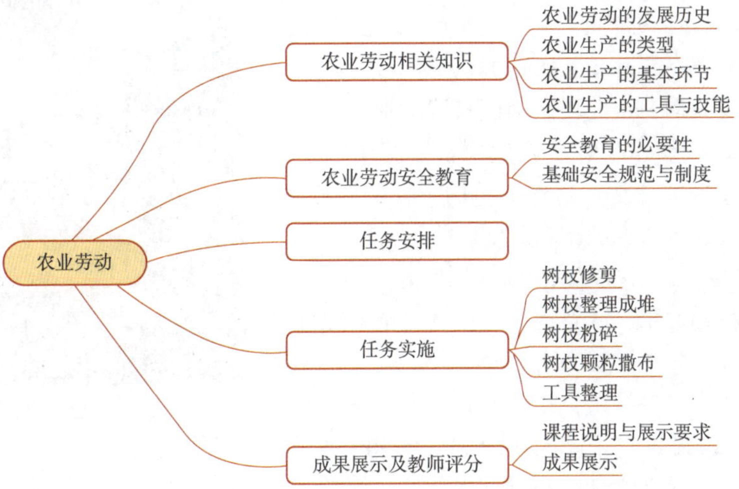

学习目标

（1）树立科学劳动观念。认识到农业劳动是人类社会存续与发展的根基，培养热爱农业劳动、尊重农民的真挚情感，树立正确的农业劳动价值观，积极投身农业劳动实践，为乡村振兴贡献力量。

（2）掌握农业知识技能。全面了解农业生产的各个环节，涵盖土壤改良、作物种植、畜牧养殖、农业生态保护等方面。熟练掌握农业生产工具的使用方法，学会运用现代农业技术，如精准农业、智慧农业等，提升农业劳动的效率与质量。

（3）增强实践创新能力。积极参与农业劳动实践，在实践中不断提升动手操作能力，锻炼解决实际问题的能力。勇于探索创新，尝试新的农业生产模式、技术手段及管理方法，培育创新思维与创新精神，为农业发展注入新活力。

（4）培养团队合作精神。在农业劳动教育中，通过参与团队协作的农业项目，学会与他人有效沟通、分工合作。懂得倾听他人意见，尊重团队成员的个性与特长，相互支持配合，共同达成农业劳动目标，提升团队协作能力与组织协调能力。

1.1 农业劳动相关知识

农业生产是国家粮食安全的根基，直接关乎民生根基与社会稳定。在全球气候变化与人口增长背景下，发展农业对保障粮食供给、应对安全挑战至关重要。其不仅创造经济价值、维系生态平衡，更承载着农耕文化传承功能——通过农事节庆与民俗活动凝聚民族精神。加强农业建设、提升生产效能，既是夯实国家安全基础的战略需求，也是实现经济、生态、文化可持续发展与全球粮食治理的关键路径。

1.1.1 农业劳动的发展历史

我国农业劳动的发展历史可分为四个阶段：原始农业时期（新石器时代至青铜时代）、古代农业时期（夏商至明清）、近代农业时期（19 世纪）和现代农业时期（新中国成立后）。

1. 原始农业时期

原始农业产生于新石器时代，是人类社会发展史上的一次重大变革。这一时期，人们开始从单纯的采集狩猎经济向农业生产经济过渡，如图 1-1 所示。

图 1-1 原始农业社会农业耕种

在生产工具方面，主要使用磨制石器、木棒等。例如，石斧用于砍伐树木、开垦土地，石铲用于翻土播种，石镰则用于收割庄稼。这些简单的工具虽然简陋，却开启了人类改造自然、进行农业生产的新篇章。

在种植作物上，中国北方地区以种植粟为主，长江流域则主要种植水稻。西亚地区是大麦、小麦的重要发源地，古埃及人除了种植大麦、小麦外，还发展了亚麻、橄榄等经济作物的种植。当时的农业生产技术较为原始，多采用撂荒制。人们在一块土地上种植几年后，地力下降，便放弃这块土地，另寻新地开垦。这种方式虽然粗放，但适应了当时较低的生产力水平。

原始农业时期，人类逐渐定居下来，形成了村落。人们开始有了相对稳定的食物来源，这为人口的增长和社会分工的出现奠定了基础。

2. 古代农业时期

从奴隶社会到封建社会，古代农业不断发展进步。

春秋时期，铁制农具开始出现并逐渐普及，这是农业生产工具的一次重大革新。铁农具比木石农具更加坚固耐用，大大提高了开垦土地和耕种的效率。牛耕技术也在这一时期开始推广，畜力的使用进一步解放了人力，如图 1-2 所示。

图 1-2　古代农业时期的农业劳动

到了汉代，农业生产技术有了显著提高。发明了犁壁，使铁犁可以更方便地翻土、碎土，提高了耕地质量。二牛一人犁耕法得到广泛应用，进一步提高了耕作效率。同时，汉代在水利灌溉方面也取得了很大成就，如修建了漕渠、白渠等水利工程，保障了农田灌溉。

唐代后期，曲辕犁的出现标志着中国古代传统步犁的基本定型。曲辕犁操作灵活，可以根据实际需要调整耕地的深浅，适应了不同土壤和地形条件，对提高农业生产效率起到了重要作用。此外，唐代还出现了“江南圩田”等土地利用形式，通过筑堤围垦，增加了耕地面积。

在作物种植方面，明清时期引进了玉米、甘薯等高产作物。这些作物适应性强、产量高，对缓解当时的人口压力、保障粮食供应起到了积极作用。

古代农业时期，精耕细作成为农业生产的主要特点。人们通过不断改进生产工具、提高灌溉技术、优化耕作制度等，提高土地利用率和农作物产量。同时，政府也非常重视农业，如商鞅变法推行“按亩纳税”，促进了农业生产的发展；秦代的《厩苑律》对牛耕管理等方面做出规范，保障了农业生产的顺利进行。

3. 近代农业时期

19 世纪以来，随着近代工业文明的冲击，中国传统农业开始向近代农业转变。

西方的实验科学逐渐传入中国，一些先进的农业技术和理念开始被引入。例如，一些农业院校和科研机构开始成立，开展农业科学研究和技术推广工作。同时，农业机械开始在中国出现并逐渐得到应用，如新式犁、收割机等，一定程度上提高了农业生产效率。

然而，近代中国内忧外患，农业发展受到严重制约。传统的封建土地制度依然存在，农民生活困苦，农业生产技术落后，农业发展缓慢。

4. 现代农业时期

新中国成立后，特别是改革开放以来，中国农业进入了快速发展的现代农业时期。

在农业技术方面，取得了举世瞩目的成就。杂交育种技术不断突破，培育出了许多高产优质的农作物品种，如袁隆平院士的杂交水稻，为解决全球粮食问题做出了巨大贡献。如图 1-3 所示，农业机械化水平大幅提高，从耕地、播种、灌溉到收获，一系列农业机械广泛应用，大大减轻了农民的劳动强度，提高了生产效率。

图 1-3　现代农业化耕地

生物技术、信息技术等也在农业领域得到广泛应用。例如，转基因技术为农作物的改良提供了新途径；农业物联网的发展，实现了对农业生产环境、农作物生长状况等的实时监测和精准管理。

在农业生产经营方式上，逐渐向规模化、产业化、现代化方向发展，农业新质生产力场景概念图如图1-4所示。家庭农场、农民专业合作社、农业产业化龙头企业等新型农业经营主体不断涌现，推动了农业生产的专业化、标准化和市场化。

我国党和政府高度重视农业，出台了一系列强农惠农富农政策，加大对农业的投入，加强农业基础设施建设，改善农村生产生活条件，促进了农业持续稳定发展。

如今，随着科技的不断进步，智慧农业、绿色农业、生态农业等新理念、新模式不断涌现，中国农业正朝着高质量发展的方向迈进，为保障国家粮食安全、促进经济社会发展发挥着重要作用。

图 1-4　农业新质生产力场景

2025年数据显示，中国农业科技进步贡献率超过63%，无人机植保、智能温室等技术普及，推动规模化与生态农业（如循环种养模式）。2025年农业劳动力占比降至23%（国家统计局），农民工群体（超2.9亿人）向技术型、非农产业转移，智慧农业试点覆盖全国15%耕地，实现精准施肥与节水灌溉效率提升30%。

1.1.2　农业生产的类型

1. 粮食作物生产

粮食作物是对谷类作物（小麦、水稻、玉米）、薯类作物（包括甘薯、马铃薯等）及豆类作物（包括大豆、蚕豆、豌豆、绿豆等）的总称。联合国粮食及农业组织的粮食概念就是指谷物，包括麦类、豆类、粗粮类和稻谷类等。粮食作物不仅是人类的主要食物来源，也为工业生产提供了重要的原料，在国民经济中占有极其重要的地位。

小麦是世界上分布最广泛的粮食作物之一。小麦适合在土层深厚、结构良好、耕层较深的土壤中生长。种植前需要进行深耕整地，以保证土壤疏松。小麦的播种时间因地区而异，在中国北方多为冬小麦，一般在秋季播种；南方则有春小麦，在春季播种。在生长过程中，小麦需要充足的光照和适量的水分，同时要注意防治锈病、白粉病等病虫害。收获时，当小麦植株变黄、籽粒变硬时即可进行收割。

水稻是我国最重要的粮食作物之一。水稻种植需要选择水源充足、排灌方便的稻田。种植过程包括育秧、插秧、田间管理和收获等环节。育秧是水稻种植的关键第一步，需要在适宜的苗床中培育健壮的秧苗。插秧时要注意株行距，保证水稻有足够的生长空间。在田间管理方面，要根据水稻的生长阶段合理施肥、灌溉和防治病虫害。例如，在分蘖期要保证充足的水分和养分，以促进分蘖；在抽穗期要注意防治稻瘟病等病害。水稻一般在秋季成熟，当稻穗下垂、籽粒饱满时进行收割。

玉米是一种适应性强、产量高的粮食作物。玉米对土壤的要求不高，但以肥沃、疏松的土壤为宜。玉米的播种时间一般在春季或夏季。播种时要注意合理密植，以充分利用土地资源。在生长过程中，玉米需要大量的肥料和水分，尤其是在拔节期和穗期。同时，要及时防治玉米螟、蚜虫等害虫。玉米的收获时间根据品种和种植地区的不同而有所差异，一般当玉米苞叶变黄、籽粒变硬时即可收获。

粮食作物生产是保障国家粮食安全的基础。随着人口的增长和经济的发展，对粮食的需求不断增加。稳定的粮食产量是社会稳定和经济发展的重要保障。此外，粮食作物生产还带动了相关产业的发展，如食品加工、饲料生产等。同时，粮食作物的种植也对生态环境有着重要的影响，合理的种植方式可以保持水土、改善土壤质量。

未来，粮食作物生产将朝着智能化、绿色化的方向发展。智能化技术如无人机、传感器等将广泛应用于农业生产中，提高生产效率和管理水平。绿色化生产则强调减少化肥、农药的使用，推广有机农业和生态农业，以保护环境和保障农产品质量安全。

2. 经济作物生产

经济作物是指具有某种特定经济用途的农作物，种类繁多，主要包括棉花、油料、麻类、桑柞丝、茶叶、糖料、蔬菜、烟叶、果品、药材等。经济作物生产的集约化和商品化程度较高，综合利用的潜力很大，要求投入较高的人力、物力和财力。

在经历了较高速度的数量型增长后，我国主要的农产品出现了地区性和结构性的过剩，农产品的供求格局发生了根本性变化。加上我国加入 WTO（World Trade Organization，世界贸易组织）后面临着国内和国际的双重竞争，种植业结构调整势在必行。在这种形势下，经济作物的种植面积逐年提高。掌握某些种植面积较大的经济作物的栽培技术对学生来说是十分必要的。经济作物栽培是栽培学的一部分，属于农学专业的专业设置金字塔的顶端部分，是农学专业的知识结构中不可缺少的一部分。

小豆起源于中国，在世界分布广泛，中国各地均有种植。其植物学特征包括种子、根、茎、叶、花序、荚果等部分。生物学特性方面，生育周期有特定划分，对环境条件有一定要求。栽培技术涵盖轮作倒茬、种植方式、精细整地、种子处理、适期播种、合理密植、合理施肥、田间管理、利用生长调节剂、灌溉与排涝、收获与贮藏等环节。

随着科技的不断进步，经济作物生产将朝着智能化、绿色化方向发展。智能化技术，如无人机、传感器等将广泛应用于农业生产中，提高生产效率和管理水平。绿色化生产则强调减少化肥、农药的使用，推广有机农业和生态农业，以保护环境和保障农产品质量安全。同时，经济作物的综合利用也将进一步深化，开发更多高附加值的产品，提高经济效益。总之，经济作物生产在国民经济中的地位将日益重要，其发展对于保障国家粮食安全、促进农民增收和推动农业可持续发展都具有重要意义。

3. 蔬菜生产

蔬菜是人们日常生活中不可或缺的食物，其富含维生素、矿物质、膳食纤维等营养成分，对维持人体健康起着重要作用。蔬菜生产具有种类繁多、季节性强、区域特色明显等特点。随着人们生活水平的提高，对蔬菜的品质、种类和供应稳定性的要求也越来越高。蔬菜生产不仅要满足国内市场需求，还在国际贸易中占有一定份额。

蔬菜生产是农业产业结构的重要组成部分，对于增加农民收入、保障城乡居民“菜篮子”供应具有关键作用。在种植业中，蔬菜生产的经济效益相对较高，能够有效促进农村经济发展。同时，蔬菜种植过程中的间作套种等模式，有利于提高土地利用率，保持农田生态平衡。此外，丰富多样的蔬菜产品还能满足不同消费者的饮食需求，提升人们的生活质量。

番茄起源于南美洲，目前在全球广泛种植。其植物学特征包括根系发达、茎半直立或蔓生、叶为羽状复叶、花为聚伞花序、果实为浆果。生物学特性方面，番茄是喜温性蔬菜，对光照要求较高，在不同生长阶段对水分和养分的需求有所不同。栽培技术要点包括选择适宜品种、培育壮苗、合理定植、整枝打杈、追肥浇水、病虫害防治等。例如，在整枝时要根据不同的栽培方式选择合适的整枝方法，以保证植株通风透光，提高果实品质和产量。

黄瓜原产于印度，在中国各地普遍栽培。植物学特征有茎蔓生、叶掌状、花单性、果实为瓠果。黄瓜是喜温、喜湿、不耐寒的蔬菜，对土壤肥力和透气性要求较高。栽培技术涵盖播种育苗、定植、搭架引蔓、温度管理、水分管理、施肥，以及病虫害防控等。比如，在温度管理上，要根据不同生长阶段控制好棚内温度，避免温度过高或过低影响黄瓜生长。

白菜原产于中国，是我国栽培历史悠久、种植面积广泛的蔬菜。其植物学特征包括直根系、短缩茎、莲座叶、花为总状花序、果实为角果。白菜具有适应性强、产量高的特点，对温度、光照和土壤条件有一定要求。栽培技术包含选地整地、播种、间苗定苗、追肥、浇水、病虫害防治等。在追肥时，要根据白菜的生长阶段合理施肥，以保证其生长所需养分。

随着科技的飞速发展，蔬菜生产正朝着现代化、精准化方向迈进。智能化设备，如智能灌溉系统、环境监测传感器等将广泛应用，实现对蔬菜生长环境的精准调控。同时，生物技术在蔬菜育种中的应用将不断深入，培育出更多优质、高产、抗病的新品种。此外，绿色蔬菜生产受到越来越多关注，减少化学农药和化肥使用，推广有机栽培、生态栽培等模式，已成为蔬菜生产的重要趋势。这不仅有利于保障蔬菜质量安全，还能保护生态环境，促进蔬菜产业的可持续发展。未来，蔬菜生产将更好地满足人们对健康、优质蔬菜的需求，在农业经济中发挥更重要的作用。

1.1.3 农业生产的基本环节

1. 土壤改良与耕作

土壤是农业生产的基础，土壤改良与耕作是确保农作物良好生长、实现农业可持续发展的关键步骤。土壤改良旨在改善土壤的物理、化学和生物学性质，提高土壤肥力和保水保肥能力；而耕作则是通过各种农业机械和手段对土壤进行处理，为作物播种、生长创造适宜的土壤环境。

在农业生产中，土壤改良与耕作具有极其重要的地位。良好的土壤条件能够为农作物提供充足的养分、水分和空气，促进根系的生长和发育，从而提高作物的产量和品质。合理的土壤改良与耕作措施还能改善土壤结构，防止土壤侵蚀和退化，保护生态环境。此外，通过改良土壤，可以提高土壤的生产力，降低生产成本，增加农民的收入。

主要的土壤改良方式有以下几种：

①增施有机肥料：有机肥料含有丰富的有机质和养分，能改善土壤结构，增加土壤肥力。如堆肥、厩肥等，它们可以增加土壤中微生物的活性，促进土壤团粒结构的形成，提高土壤的保水保肥能力。

②合理轮作与间作：不同作物对土壤养分的需求和吸收能力不同，通过合理的轮作和间作，可以充分利用土壤中的养分，减少土壤养分的失衡。例如，豆科作物与其他作物轮作，豆科作物的根瘤菌可以固氮，增加土壤中的氮素含量。

③土壤酸碱度调节：根据土壤的酸碱度情况，采取相应的调节措施。对于酸性土壤，可以施用石灰等碱性物质来提高土壤的 pH 值；对于碱性土壤，可以施用石膏等酸性物质来降低土壤的 pH 值。

④生物修复：利用微生物、植物等生物手段修复受污染的土壤。一些微生物可以分解土壤中的有害物质，植物可以吸收和富集土壤中的重金属等污染物。

主要的土壤耕作方式有以下几种：

①翻耕：是最常见的土壤耕作方式之一，通过犁等农具将土壤翻转，打破土壤板结，疏

松土壤，增加土壤的透气性和透水性。翻耕深度一般根据作物的种类和土壤条件而定，通常在 20~30 cm。

②耙地：在翻耕后进行，用耙将土壤表面耙细、耙平，使土壤颗粒更加均匀，为播种创造良好的条件。同时，耙地还可以破碎土块，清除杂草和残茬。

③镇压：在播种后或土壤过于疏松时进行，通过镇压器等工具对土壤进行镇压，使土壤与种子紧密接触，有利于种子吸收水分和养分，提高种子的发芽率。

④免耕：是一种新型的土壤耕作方式，不进行翻耕，直接在茬地上播种。免耕可以减少土壤侵蚀，保持土壤水分，降低生产成本，但需要配合使用除草剂等化学药剂来控制杂草。

随着科技的不断进步，土壤改良与耕作将朝着精准化、生态化和可持续化的方向发展。精准农业技术的应用，如土壤传感器、地理信息系统等，可以实现对土壤养分和水分的精准监测和管理，提高土壤改良与耕作的效率和效果。生态化的土壤改良与耕作方式将更加受到重视，减少化学肥料和农药的使用，推广生物防治和有机农业。同时，可持续化的土壤管理理念将贯穿整个农业生产过程，注重土壤资源的保护和合理利用，实现农业的长期稳定发展。

2. 种植技术

种植技术是农业生产的核心内容，它涵盖了从种子选择、播种、田间管理到收获等一系列过程中的各种方法和手段。科学合理的种植技术能够充分利用自然条件，提高农作物的产量和品质，确保农业生产的高效与稳定。不同的农作物由于其生物学特性不同，所适用的种植技术也存在差异。

在农业生产中，种植技术具有举足轻重的地位。它直接关系到农作物的生长发育和最终的产量、质量。先进的种植技术可以提高土地利用率，增加单位面积的农作物产量，满足不断增长的人口对粮食和农产品的需求。同时，合理的种植技术还能减少病虫害的发生，降低农业生产成本，保护生态环境。此外，种植技术的不断创新和发展，也推动了农业现代化的进程。

主要的种植技术有以下几种：

（1）种子处理技术

①选种：选择优质、高产、抗病的种子是种植成功的基础。要根据当地的气候、土壤条件和种植季节，选择适宜的品种。同时，要对种子进行筛选，去除杂质、瘪粒和病粒。

②种子消毒：通过物理或化学方法对种子进行消毒处理，杀灭种子表面携带的病菌和害虫，预防病虫害的发生。常见的种子消毒方法有温汤浸种、药剂拌种等。

③种子催芽：对于一些发芽较慢或发芽率较低的种子，可以进行催芽处理。催芽能使种子提前发芽，提高发芽率和整齐度。例如，将种子浸泡在适宜温度的水中，待种子吸足水分后，放在温暖、湿润的环境中催芽。

（2）播种技术

①直接播种（简称“直播”）：将种子直接播撒在田间的种植方式。直播操作简单，成本低，但对土壤条件和气候要求较高。直播又可分为条播、撒播和穴播等不同方式，应根据农作物的特点和种植要求选择合适的播种方式。

②育苗移栽：先在苗床或育苗盘中培育幼苗，待幼苗长到一定程度后，再移栽到田间。育苗移栽可以延长作物的生长季节，提高土地利用率，保证苗齐苗壮。但育苗过程需要精细

管理，移栽时要注意保护幼苗根系。

（3）田间管理技术

①施肥：根据农作物的生长阶段和土壤肥力状况，合理施用肥料。施肥要遵循有机肥与无机肥相结合、基肥与追肥相结合的原则。例如，在农作物生长前期，以氮肥为主，促进植株生长；在生长后期，增加磷、钾肥的施用量，提高果实品质和产量。

②灌溉与排水：根据农作物的需水规律，及时进行灌溉和排水。不同的农作物对水分的需求不同，要根据实际情况确定灌溉量和灌溉时间。同时，在雨季要注意排水，防止田间积水导致根系缺氧腐烂。

③中耕除草：中耕可以疏松土壤，增加土壤透气性，促进根系生长；除草可以减少杂草与农作物争夺养分、水分和光照。中耕除草的时间和次数要根据农作物的生长情况和杂草生长状况而定。

④病虫害防治：采用综合防治的方法，预防和控制病虫害的发生。综合防治包括农业防治、物理防治、生物防治和化学防治等多种手段。例如，通过合理轮作、清洁田园等农业措施减少病虫害的发生；利用防虫网、诱虫灯等物理方法诱捕害虫；使用天敌昆虫、微生物农药等生物手段防治病虫害；在必要时，合理使用化学农药进行防治。

未来，种植技术将朝着智能化、精准化、绿色化的方向发展。智能化技术，如无人机施肥、灌溉系统的自动化控制等，将提高种植管理的效率和精准度。精准农业技术的应用，能够根据农作物的实际需求，精确地提供肥料、水分和农药，减少资源浪费和环境污染。绿色种植技术将更加受到重视，推广有机农业、生态农业等模式，减少化学农药和化肥的使用，生产出更加安全、健康的农产品。同时，生物技术在种植领域的应用也将不断拓展，如基因编辑技术培育抗逆性强、品质优良的农作物品种。

3. 农药与化肥使用

农药与化肥在农业生产中扮演着至关重要的角色。农药是用于预防、消灭或者控制危害农业、林业的病、虫、草和其他有害生物，以及有目的地调节植物、昆虫生长的化学合成或者来源于生物、其他天然物质的一种物质或者几种物质的混合物及其制剂。化肥则是用化学和（或）物理方法制成的含有一种或几种农作物生长需要的营养元素的肥料。合理使用农药与化肥能够显著提高农作物的产量和质量，保障农业生产的稳定进行。

在现代农业生产中，农药与化肥的使用具有不可替代的地位。化肥能够为农作物提供氮、磷、钾等必需的营养元素，促进作物生长发育，增强作物的抗逆性，提高作物产量。据统计，合理使用化肥可使农作物增产30%~50%。而农药可以有效防治病虫害和杂草，减少农作物因病虫害和杂草危害造成的损失，保证作物的健康生长，提高农产品的品质。例如，在防治水稻稻瘟病、小麦锈病等方面，农药发挥了关键作用。

（1）农药的使用要点

①选择合适的农药：根据防治对象、农作物种类和环境条件，选择高效、低毒、低残留的农药品种。例如，防治蚜虫可选用吡虫啉；防治真菌病害可选用多菌灵等。

②确定正确的使用剂量：严格按照农药标签上的使用说明确定用药剂量，避免剂量过低达不到防治效果，剂量过高造成农药残留和环境污染。

③采用适宜的施药方法：常见的施药方法有喷雾、撒施、熏蒸等。喷雾是最常用的方法，适用于大多数农药；撒施适用于颗粒剂农药；熏蒸则常用于防治仓库害虫等。

④注意施药时间和天气条件：选择在病虫害发生初期施药，效果最佳。避免在高温、大风、雨天等恶劣天气条件下施药，以免影响药效或造成农药漂移。

（2）化肥的使用要点

①测土配方施肥：通过对土壤进行检测，了解土壤中养分的含量和比例，根据农作物的需肥规律，制定合理的施肥方案。这样可以提高肥料利用率，减少肥料浪费。

②确定施肥时期：不同农作物在不同生长阶段对养分的需求不同。一般来说，基肥要在播种或移栽前施入，以提供作物生长前期的养分；追肥则要根据作物的生长情况适时进行，如在作物的分蘖期、孕穗期、开花期等关键时期施肥。

③选择合适的施肥方法：常见的施肥方法有撒施、条施、穴施、根外追肥等。撒施适用于大面积施肥；条施和穴施则适用于集中施肥，可提高肥料的利用率；根外追肥是将肥料溶液喷洒在叶片上，能快速补充作物所需的养分。

随着人们对农产品质量安全和生态环境保护的关注度不断提高，农药与化肥的使用正朝着绿色、环保、高效的方向发展。一方面，研发和推广新型环保农药和化肥成为趋势。例如，生物农药以其对环境友好、对非靶标生物安全等优点，受到越来越多的关注；缓控释肥料能够缓慢释放养分，提高肥料利用率，减少养分流失。另一方面，精准农业技术的应用将使农药与化肥的使用更加精准化。通过利用传感器、无人机等技术，能够实时监测农作物的生长状况和土壤养分含量，从而实现按需施药和施肥，减少不必要的投入，降低对环境的影响。同时，农业生产也将更加注重综合防治和有机农业的发展，减少对化学农药和化肥的依赖，实现农业的可持续发展。

4. 病虫草害防治

病虫草害是影响农业生产的重要因素，它们会对农作物的生长、发育和产量造成严重威胁。病虫草害防治是指采取各种手段和措施，预防、控制和消除农作物在生长过程中受到的病害、虫害，以及杂草的侵害，以保障农作物的健康生长和农业生产的稳定。有效的病虫草害防治对于提高农产品的产量和质量、保障粮食安全和农业可持续发展具有至关重要的意义。

在农业生产体系中，病虫草害防治占据着关键地位。农作物一旦遭受病虫草害的侵袭，可能导致生长受阻、产量降低、品质下降，严重时甚至会绝收。据统计，全球每年因病虫草害造成的农作物损失约占总产量的 1/3。通过科学合理的病虫草害防治措施，可以显著减少这些损失，确保农业生产的稳定和丰收。同时，良好的病虫草害防治还能减少化学农药的使用，降低农产品中的农药残留，保障消费者的健康，维护生态环境的平衡。

主要的病虫草害防治方法有以下几种：

（1）农业防治

①合理轮作与间作：不同作物对病虫草害的抗性和易感性不同，通过合理轮作和间作，可以改变农田生态环境，减少病原菌和害虫的积累。例如，水旱轮作可以有效减少土壤中的病原菌和害虫数量；玉米与大豆间作可以降低玉米螟等害虫的发生概率。

②清洁田园：及时清除农田中的病残体、杂草和落叶，减少病原菌和害虫的越冬场所和滋生地。在收获后，彻底清理田间的残留植株，并进行深埋或焚烧处理。

③选用抗病虫品种：选择具有良好抗病虫特性的农作物品种是最经济、有效的防治方法之一。这些品种能够在一定程度上抵御病虫草害的侵袭，减少防治成本和农药使用量。

④加强栽培管理：合理密植、科学施肥、适时灌溉和排水等栽培管理措施可以增强农作物的生长势和抗逆性，提高其对病虫草害的抵抗力。例如，合理施肥可以使植株生长健壮，增强对病害的抵抗力；及时排水可以降低田间湿度，减少病害的发生。

（2）物理防治

①人工捕杀：对于一些体型较大、活动性不强的害虫，如金龟子、蜗牛等，可以采用人工捕杀的方法进行防治。在清晨或傍晚，人工捕捉害虫，直接减少虫口密度。

②诱捕与诱杀：利用害虫的趋光性、趋化性等特性，采用黑光灯、糖醋液、性诱剂等进行诱捕和诱杀。例如，在田间设置黑光灯，可以诱杀多种夜行性害虫；悬挂糖醋液可以诱杀果蝇等害虫。

③阻隔与防护：采用防虫网、地膜覆盖等物理措施，阻止害虫进入农田或防止杂草生长。防虫网可以有效防止蚜虫、白粉虱等害虫进入温室大棚；地膜覆盖可以抑制杂草的生长，同时还能保持土壤温度和湿度。

（3）生物防治

①利用天敌昆虫：保护和利用自然界中的天敌昆虫，如瓢虫、草蛉、寄生蜂等，控制害虫的种群数量。可以通过种植蜜源植物、提供栖息场所等方式，吸引和保护天敌昆虫。

②使用微生物农药：利用微生物及其代谢产物制成的农药，如苏云金芽孢杆菌、白僵菌、井冈霉素等，对害虫和病原菌具有特定的防治作用。微生物农药具有对环境友好、不易产生抗性等优点。

③生物竞争与抑制：利用有益微生物与病原菌之间的竞争和抑制作用，减少病原菌的数量和危害。例如，在土壤中接种有益微生物，可以抑制土传病原菌的生长和繁殖。

（4）化学防治

①合理选用农药：根据病虫草害的种类、发生程度和农作物的品种，选择合适的农药品种。要优先选用高效、低毒、低残留的农药，避免使用高毒、高残留的农药。

②严格掌握用药剂量和时间：按照农药标签上的使用说明，准确掌握用药剂量和施药时间。避免盲目加大用药剂量，以免造成农药残留和环境污染；同时，要在病虫草害发生的关键时期施药，以提高防治效果。

③科学施药：采用合适的施药方法，如喷雾、撒施、灌根等，确保农药均匀覆盖在防治对象上。注意施药的安全间隔期，避免在农产品收获前短时间内施药，以保证农产品的质量安全。

未来，病虫草害防治将朝着绿色、可持续和智能化的方向发展。绿色防治理念将更加深入人心，生物防治、物理防治等非化学防治方法将得到更广泛的应用，以减少化学农药的使用对环境和生态的影响。同时，随着科技的不断进步，智能化监测和预警系统将逐步完善，能够实时准确地监测病虫草害的发生动态，为防治决策提供科学依据。此外，基因编辑、生物技术等领域的研究成果也将为病虫草害防治带来新的突破和创新，推动农业生产向更加高效、环保和可持续的方向发展。

5. 收获与加工

收获与加工是农业生产过程的最后两个重要环节。收获是指将成熟的农作物从田间采收回来的过程，它标志着农业生产的一个周期结束。而加工则是对收获后的农产品进一步处理，以提高其附加值、延长保质期、便于储存和运输，并满足不同消费者的需求。收获与加工环节紧密相连，共同决定了农产品的最终品质和经济效益。

在农业产业链中，收获与加工占据着关键地位。合理的收获时机能够确保农作物的产量和品质达到最佳状态，直接影响农民的收入。而有效的加工环节则可以极大地提升农产品的价值，增加农产品的市场竞争力。通过加工，将原始的农产品转化为各种形式的商品，如食品、饮料、饲料、纤维制品等，不仅满足了人们多样化的生活需求，还促进了农业产业的多元化发展，带动相关产业的协同进步，为经济增长做出重要贡献。同时，良好的收获与加工过程有助于减少农产品在储存和运输过程中的损失，保障农产品的供应稳定性。

（1）收获

收获过程讲究适时收获，即不同农作物有其最佳收获时期，过早收获会导致产量降低、品质不佳，过晚收获则可能造成落粒、病虫害加重等问题。例如，小麦一般在蜡熟末期至完熟初期收获，此时籽粒饱满，含水量适中，有利于保证产量和品质。

收获方法包含以下几点：

①人工收获：适用于小规模种植或一些特殊作物，如蔬菜、水果等。人工收获可以更加细致地操作，减少对作物的损伤，但劳动强度大、效率较低。

②机械收获：广泛应用于大规模种植的粮食作物，如小麦、水稻、玉米等。机械收获效率高、速度快，能够及时完成收获任务，但可能会对作物造成一定的损伤，需要根据作物特点选择合适的机械设备和收获参数。

③分段收获：对于一些成熟不一致的作物，如油菜等，可采用分段收获的方式。先割倒晾晒，待籽粒含水量降低后再进行脱粒，这样可以提高收获质量，减少损失。

（2）加工

初级加工包括以下几个步骤：

①清洗：去除农产品表面的泥土、杂质、农药残留等，保证产品的清洁卫生。清洗是加工的第一步，对于后续的加工质量至关重要。

②分级：根据农产品的大小、形状、色泽、成熟度等指标进行分级，使产品规格一致，便于销售和进一步加工。例如，水果按照大小分为不同等级，分别包装上市。

③干燥：降低农产品的含水量，延长其保质期。常见的干燥方法有自然晾晒、热风干燥、真空干燥等。不同的农产品需要选择合适的干燥方式和干燥参数，以避免品质下降。

深加工包括以下几个步骤：

①食品加工：将农产品加工成各种食品，如面粉、大米、食用油、果汁、罐头、糕点等。食品加工可以增加农产品的附加值，满足消费者多样化的饮食需求。在加工过程中，需要严格遵守食品安全标准和加工工艺要求，确保产品质量安全。

②饲料加工：将一些不宜直接作为食品的农产品或其副产品加工成饲料，用于畜牧养殖。饲料加工要根据不同动物的营养需求，合理调配饲料配方，保证饲料的营养均衡。

③其他加工：如纤维加工、生物制品加工等。例如，棉花经过加工可制成棉纱、棉布等纤维制品；一些农产品还可以提取生物活性物质，用于制药、化妆品等行业。

随着科技的不断进步和市场需求的变化，收获与加工环节正朝着智能化、精细化、绿色化的方向发展。智能化技术，如无人机监测作物成熟度、智能收获设备自动识别和采收等，将提高收获的精准度和效率。精细化加工将更加注重产品的品质和个性化，满足消费者对高品质、多样化农产品的需求。绿色化发展则强调在加工过程中减少能源消耗、降低环境污染，采用环保的加工工艺和包装材料。同时，随着农产品质量安全要求的日益提高，收获与加工过程将更加严格地遵循质量标准和规范，确保农产品从田间到餐桌的全过程安全可靠。此外，农产品加工产业将与农业生产、销售、物流等环节深度融合，形成完整的产业链条，推动农业产业的高质量发展。

1.1.4 农业生产的工具与技能

1. 农业生产的工具与设备使用

（1）农业机械化

农业机械化是指运用先进适用的农业机械装备农业，改善农业生产经营条件，不断提高农业的生产技术水准和经济效益、生态效益的过程。它是现代农业发展的重要标志，对于提高农业生产效率、减轻农民劳动强度、促进农业可持续发展具有重要意义。随着科技的不断进步，农业机械化水平不断提高，各种先进的农业机械在农业生产中得到广泛应用。

农业机械化在农业生产中占据着关键地位。它是转变农业发展方式、提高农村生产力的重要基础，是实施乡村振兴战略的重要支撑。没有农业机械化，就没有农业农村现代化。农业机械化能够极大地提高农业生产效率，降低生产成本，增加农产品产量，提升农产品品质量。同时，它有助于缓解农村劳动力短缺问题，促进农业规模化、产业化发展。例如，在粮食生产中，机械化收割比人工收割效率大幅提高，能够及时抢收，减少损失。

主要的农业机械及其使用的介绍如下。

①耕地机械。

- 拖拉机：拖拉机是农业生产中最基本的动力机械。它可以牵引各种农具进行耕地、播种、施肥、收获等作业。不同型号的拖拉机功率不同，适用的作业场景也有所差异。例如，大型拖拉机适用于大面积农田的深耕作业，小型拖拉机则更适合在小块农田或果园中进行精细作业。
- 耕地农具：常见的耕地农具包括铧式犁、圆盘犁等。铧式犁通过犁铧入土，将土壤翻转，达到疏松土壤的目的；圆盘犁则利用圆盘的滚动破碎土壤，适用于较硬的土壤。在使用耕地机械时，要根据土壤质地、作物种类等选择合适的农具，并调整好耕深、耕幅等参数。

②播种机械。

- 播种机：播种机能够按照一定的行距、株距和播种量，将种子均匀地播入土壤中。常见的播种机有撒播机、条播机和穴播机等。撒播机适用于大面积的粗放播种，如牧草播种；条播机适用于条播作物，如小麦、玉米等；穴播机则适用于需要精量播种的作物，如棉花、蔬菜等。
- 施肥播种一体机：这种机械可以在播种的同时进行施肥作业，提高工作效率。它能够根据作物的生长需求，将肥料均匀地施在种子附近，为作物生长提供充足的养分。

③收获机械。

- 联合收割机：联合收割机是粮食收获的主要机械，它能够一次性完成收割、脱粒、清选等作业。不同类型的联合收割机适用于不同的作物和收获场景。例如，小麦联合收割机能够高效地收获小麦，水稻联合收割机则专门用于水稻的收获。
- 玉米收获机：玉米收获机可以实现玉米的摘穗、剥皮、脱粒等功能。随着技术的发展，玉米收获机的性能不断提高，能够适应不同的种植方式和品种的玉米收获。

④植保机械。

• 喷雾器：喷雾器是用于喷洒农药、肥料、除草剂等液体的机械。常见的喷雾器有背负式喷雾器、担架式喷雾器、车载式喷雾器和无人机喷雾器等。背负式喷雾器适用于小块农田的作业，担架式喷雾器适用于较大面积的农田，车载式喷雾器适用于大面积的规模化作业，无人机喷雾器则具有高效、精准的特点，适用于复杂地形和大面积的农作物植保作业。

• 喷粉器：喷粉器主要用于喷洒粉剂农药。它通过风力将粉剂均匀地喷洒在农作物上。

在使用植保机械时，要根据作物的种类、病虫害情况和防治要求，选择合适的药剂和喷雾（粉）参数，确保防治效果。

未来，农业机械化将朝着智能化、绿色化、精准化方向发展。智能化技术，如无人驾驶、智能监控等将广泛应用于农业机械，提高作业效率和精准度。绿色化发展将注重减少能源消耗和环境污染，推广新能源农机。精准农业技术将进一步发展，实现对农业生产过程的精准管理和调控。同时，农业机械化将与信息化深度融合，推动农业生产方式的变革。此外，随着农业规模化、产业化的发展，农业机械的大型化、智能化、多功能化将成为发展趋势，以满足现代农业生产的需求。

（2）信息化技术在农业生产中的应用

信息化技术在农业生产中的应用，是将现代信息技术与农业生产深度融合，通过对农业生产数据的采集、传输、分析和处理，实现农业生产的精准化、智能化和高效化。它涵盖了农业物联网、农业大数据、人工智能、遥感技术等多个领域，为农业现代化提供了强大的技术支撑。随着信息技术的飞速发展，信息化技术在农业生产中的应用日益广泛，正深刻改变着传统农业的生产方式和管理模式。

信息化技术在农业生产中占据着举足轻重的地位。它是推动农业转型升级、实现农业高质量发展的关键力量。通过信息化技术，能够实时监测农业生产环境和作物生长状况，及时发现问题并采取针对性措施，提高农业生产的可控性和稳定性。同时，信息化技术有助于优化农业资源配置，提高生产效率，降低生产成本，提升农产品质量和市场竞争力。例如，利用农业大数据分析，可以精准制定种植计划、施肥方案等，提高农业生产效益。

农业物联网主要包含环境监测、作物生长监测、智能灌溉与施肥等内容。

①环境监测：在农田中部署各类传感器，如土壤湿度传感器、温度传感器、光照传感器、二氧化碳传感器等，实时采集土壤、气象等环境数据。例如，在温室大棚中，通过传感器网络可以精确监测温湿度、光照强度等参数，为作物生长创造最佳环境。

②作物生长监测：利用摄像头、图像识别技术等，对作物的生长状况进行监测，包括作物的株高、叶面积、病虫害情况等。通过分析图像数据，能够及时发现作物生长异常，如病虫害早期症状，以便及时采取防治措施。

③智能灌溉与施肥：根据传感器采集的数据，实现对灌溉和施肥的精准控制。当土壤湿度低于设定阈值时，自动启动灌溉系统；根据作物不同生长阶段的养分需求，精准推送肥料种类和用量。

农业大数据主要包含数据采集与整合、数据分析与决策支持等内容。

①数据采集与整合：收集来自农业生产各个环节的数据，包括气象数据、土壤数据、作物种植数据、农产品市场数据等。通过整合这些数据，构建农业大数据平台。

②数据分析与决策支持：运用数据分析技术，对海量农业数据进行挖掘和分析。例如，通过分析气象数据和作物生长模型，预测作物病虫害发生概率和流行趋势，为农民提供决策依据；基于农产品市场大数据，指导农民合理安排种植结构和销售策略。

人工智能在农业中的应用主要为智能决策系统、病虫害诊断等。

①智能决策系统：利用人工智能算法，结合农业知识和经验，开发智能决策系统。该系统可以根据实时监测数据和历史数据，为农业生产提供智能化决策建议，如最佳播种时间、灌溉量、施肥量等。

②病虫害诊断：基于图像识别和机器学习技术，开发病虫害诊断系统。农民通过上传作物病虫害图片，系统能够快速准确地识别病虫害种类，并提供相应的防治方案。

遥感技术同样在农业生产中有着包含但不限于大面积监测、精准农业应用等方面的应用。

①大面积监测：利用卫星遥感和航空遥感技术，对大面积农田进行监测。获取农田的地形地貌、土壤类型、作物种植面积、生长状况等信息。例如，通过卫星遥感图像可以及时掌握农作物受灾情况，为灾害评估和救灾决策提供依据。

②精准农业应用：结合地理信息系统（geographic information system, GIS）技术，遥感数据可用于精准农业生产。绘制农田土壤肥力分布图、作物产量分布图等，为精准施肥、精准播种提供指导。

未来，信息化技术在农业生产中的应用将朝着更加智能化、集成化、绿色化的方向发展。农业物联网将实现更广泛的覆盖和更精准的感知，与大数据、人工智能等技术深度融合，形成智能化的农业生产管理体系。农业大数据的分析和应用将更加深入，为农业生产、经营、管理提供全方位的决策支持。同时，随着对环境保护和可持续发展的重视，信息化技术将在农业资源节约利用、生态保护等方面发挥更大作用，推动农业绿色发展。此外，信息化技术与农业产业的融合将更加紧密，促进农业产业链的延伸和升级，为农业现代化注入新动力。

2. 农业生产劳动技能

（1）耕作技能

耕作技能是农业生产的基础，涵盖了从土地准备到播种前一系列农事操作，对农作物生长发育和产量形成至关重要。通过合理运用各种耕作技术，能够改善土壤物理结构、调节土壤肥力、控制病虫害滋生环境，为农作物创造良好的生长条件。

在农业生产体系中，耕作技能占据关键地位。它是实现农作物高产稳产的前提，直接影响着后续种植环节的成效。熟练掌握耕作技能可以有效改良土壤性质，增强土壤保水保肥能力，减少水土流失，提高土地生产力。同时，良好的耕作能抑制杂草生长，降低病虫害发生概率，减少农药化肥使用，保障农产品质量安全，促进农业可持续发展。

主要的耕作技能介绍如下。

①土地翻耕。

- 翻耕深度：根据不同农作物及土壤状况确定翻耕深度。一般来说，深耕深度在20~30 cm，可打破犁底层，改善土壤通气性和透水性。例如，种植多年生作物或深根性作物时，适当加深翻耕深度有利于根系生长。
- 翻耕时机：通常在秋收后或播种前进行翻耕。秋收后及时翻耕可将残茬、杂草翻入土中，加速有机物分解，增加土壤肥力；播种前翻耕能使土壤细碎平整，为播种创造良好条件。

②土壤平整。

- 平整目的：使土地表面平坦，便于灌溉和排水，保证水分均匀分布，避免局部积水或干旱影响作物生长。
- 平整方法：使用平地机、耙等农具，通过刮平、填补等操作，使土地平整度达到种植要求。在进行大面积平整时，还需结合水准仪等测量工具，确保土地高度差符合标准。

③施肥。

- 基肥施用：在翻耕土地前或翻耕过程中施入基肥，以有机肥为主，如厩肥、堆肥、绿肥等。有机肥能改善土壤结构，增加土壤有机质含量，提高土壤保肥供肥能力。同时，根据土壤养分状况和作物需求，适量添加化肥，如氮肥、磷肥、钾肥等。
- 追肥管理：根据作物生长阶段适时追肥。例如，在作物苗期追施氮肥，促进茎叶生长；在开花结果期追施磷钾肥，提高坐果率和果实品质。追肥方式可采用沟施、穴施或叶面喷施等。

④土壤深松。

- 深松原理：不翻转土壤，只松动犁底层以下的土壤，打破犁底层的紧实结构，增强土壤蓄水保墒能力和通气性。
- 深松时机：一般每隔 2~3 年进行一次深松，可在春季或秋季进行。深松深度一般在 30~50 cm，具体深度根据土壤质地和作物需求调整。

随着农业现代化进程的推进，耕作技能正朝着机械化、智能化、精准化方向发展。大型先进的耕作机械不断涌现，如智能无人驾驶拖拉机、自动导航翻耕机等，提高了耕作效率和质量。同时，基于卫星定位系统（global positioning system, GPS）、地理信息系统（GIS）和遥感技术（remote sensing, RS）的精准农业技术逐渐应用于耕作，能够根据土壤肥力、地形地貌等差异，实现精准施肥、精准翻耕，进一步提高资源利用效率。未来，耕作技能将更加注重生态环境保护，推广少耕、免耕等可持续耕作方式，减少土壤扰动和水土流失，促进农业绿色发展。

（2）种植技能

种植技能是农业生产的核心环节，涵盖了从作物品种选择、播种、田间管理到收获等一系列关键操作。掌握科学的种植技能对实现农作物高产、稳产、优质，提高农业生产效益至关重要。种植技能不仅涉及农业技术知识，还需要结合当地的自然条件、市场需求等因素，进行综合考量和精准操作。

在农业生产体系中，种植技能占据着基础性和决定性地位。它直接决定了农作物的生长状况和最终产量、品质。熟练掌握种植技能能够充分利用土地、气候、水资源等自然条件，合理配置农业生产要素，提高资源利用效率。同时，良好的种植技能有助于降低生产成本，减少病虫害损失，增强农产品市场竞争力，保障农民收入稳定增长。例如，精准的播种和田间管理技术可以确保作物苗齐、苗壮，为高产奠定基础。

主要的种植技能介绍如下。

①品种选择。

- 适应环境：根据当地的气候、土壤条件，选择适宜的作物品种。例如，在干旱地区选择耐旱品种，在酸性土壤地区选择耐酸品种。
- 市场需求：结合市场需求，选择具有较高经济价值和市场前景的品种。如市场对某种特色蔬菜需求旺盛，就优先考虑种植该品种。

②播种。

- 播种时间：不同作物有其最佳播种时间。例如，冬小麦一般在秋季播种，过早或过晚都会影响产量。
- 播种方式：包括直播、育苗移栽、条播、撒播、穴播等。根据作物种类、种植密度要求选择合适的播种方式 。如玉米适合直播或育苗移栽；蔬菜中的小白菜等可撒播。

③田间管理。

- 施肥：根据作物生长阶段和土壤肥力状况，合理施肥。基肥以有机肥为主，追肥根据作物需肥特点适时补充氮、磷、钾等养分。例如，在作物苗期追施氮肥促生长，花期追施磷钾肥提高坐果率。
- 灌溉：了解作物需水量，掌握灌溉时机和灌溉量。干旱时及时灌溉，避免作物缺水；同时注意排水，防止积水导致根部缺氧。
- 病虫害防治：识别常见病虫害，掌握防治方法。综合运用农业防治、物理防治、生物防治和化学防治手段。如通过轮作、清洁田园等农业措施预防病虫害；利用防虫网、诱虫灯等物理方法防虫；释放天敌昆虫进行生物防治；必要时合理使用农药。
- 中耕除草：适时中耕，疏松土壤，促进根系生长，同时去除杂草，减少养分竞争。
- 修剪与整形：对于一些果树和特定作物，需要进行修剪与整形。通过修剪调整树体结构，改善通风透光条件，控制树势，提高果实品质和产量。例如，对苹果树进行疏花疏果、修剪枝条，保证果实大小和品质。
- 收获：掌握合适的收获时间和收获方法。过早收获影响产量和品质，过晚收获可能导致落粒、变质等。根据作物特点选择人工收获、机械收获等方式。如小麦成熟后适合机械收割，蔬菜等则常人工采收。

随着科技的不断进步，种植技术正朝着智能化、精准化、绿色化方向发展。智能化设备如智能灌溉系统、智能监测传感器等将广泛应用，实现对种植环境和作物生长的精准监测与调控。精准农业技术将进一步发展，根据土壤肥力、作物需求精准施肥、灌溉、用药。绿色种植理念深入人心，减少化学农药和化肥使用，推广有机种植、生态种植模式。此外，生物技术在作物品种改良方面的应用将不断深入，培育出更多高产、优质、抗逆性强的新品种。

1.2 农业劳动安全教育

农业生产涵盖土壤改良、种植养殖、收获加工等环节，蕴含专业知识和技能，但其复杂环境暗藏安全风险。农业机械操作不当可能引发人身伤害，农药化肥滥用威胁农产品质量与人体健康，自然灾害应对不力更将危及生命财产。农业安全教育在此背景下至关重要，它通过系统传授安全规范与应急技能，为从业者构筑风险防线，既是保障劳动者生命安全的基石，也是农业生产稳定、可持续发展的前提，需贯穿农业产业链全流程。

1.2.1 安全教育的必要性

1. 农业生产安全问题不容忽视

农业生产作为国民经济的基础产业，其安全问题不容忽视。相关统计数据显示，全球每年因农业生产安全事故导致的经济损失高达数千亿美元。在中国，农业生产安全事故也时有发生。以 2022 年为例，全国因农业机械事故造成的直接经济损失就超过了 5 亿元。其中，因操作不当引发的事故占比高达 40%，主要原因包括农机具使用不熟练、安全防护意识淡薄等。

在农业劳动教育场景中，安全问题同样严峻。根据教育部发布的相关数据，在高校开展的农业劳动实践课程中，每年都会发生一定数量的安全事故。其中，因农药使用不当导致的中毒事件占比 25%，因农业机械操作失误造成的伤害事件占比 30%。例如，某高校学生在进行农业实践时，因未正确佩戴防护手套，在使用农药过程中手部皮肤接触农药，导致中毒症状。经调查发现，该学生对农药的毒性和正确使用方法缺乏了解。

2. 农业生产特有风险：多维度的潜在威胁

（1）机械伤害：复杂农具的潜在危险

农业机械种类繁多，功能各异，但其潜在的机械伤害风险不容小觑。以常见的联合收割机为例，其庞大的机身和复杂的运转部件，一旦操作人员违规操作或设备故障，极易引发严重的机械伤害事故。2018 年，某地区一台联合收割机在作业过程中，因输送带防护装置损坏，一名操作人员的衣物被卷入，导致手臂严重受伤。据测算，联合收割机在正常运行时，其输送带的线速度可达 10 m/s 以上，强大的吸力足以将人体卷入其中。

（2）化学药剂风险：无形杀手的隐蔽危害

农业生产中广泛使用的农药、化肥等化学药剂，给农产品产量提供保障的同时，也带来了诸多安全隐患。农药的毒性对人体健康构成直接威胁。有机磷类农药可抑制人体神经系统的胆碱酯酶活性，导致中毒者出现头晕、乏力、恶心、呕吐等症状，严重时甚至会危及生命。2020 年，某农户在喷洒高毒农药时，未做好防护措施，导致中毒昏迷，经紧急送医救治后才脱离危险。

化肥的不合理使用也会引发一系列问题。过量施用氮肥会导致土壤酸化、水体富营养化等环境问题。同时，在化肥的储存和搬运过程中，如果操作不当，可能会发生爆炸事故。例如，2019 年，某地一家化肥仓库因储存的硝酸铵受潮，发生了爆炸，造成了严重的人员伤亡和财产损失。

（3）生物因素风险：自然与人为的双重挑战

农业生产中的生物因素风险既包括自然界中的病虫害，也包括人为引入的生物物种。病虫害的爆发会导致农作物减产甚至绝收。例如，蝗虫灾害一旦爆发，大量蝗虫会迅速吞噬农作物，给农业生产带来毁灭性打击。据统计，全球每年因蝗虫灾害造成的农作物损失高达数百亿美元。

而人为引入的生物物种如果管理不善，可能会成为入侵物种，对本地生态系统造成破坏。例如，水葫芦原产于南美洲，作为观赏植物引入我国后，由于其繁殖能力极强，在南方一些水域大量繁殖，堵塞河道，影响航运和水产养殖，给当地生态环境带来了严重危害。

（4）自然灾害风险：不可抗拒的巨大冲击

自然灾害对农业生产的影响具有毁灭性。暴雨洪涝会淹没农田，冲毁农作物和农业设施。相关数据显示，我国每年因暴雨洪涝灾害造成的农作物受灾面积达数百万公顷，直接经济损失数百亿元。例如，2021 年河南特大暴雨，造成了全省大量农田被淹，许多农作物绝收。干旱则会导致农作物缺水，生长发育受阻，产量大幅下降。在我国北方的一些干旱地区，因干旱导致的农作物减产现象屡见不鲜。此外，台风、冰雹等自然灾害也会对农业生产造成严重破坏。如 2018 年，台风“山竹”席卷我国南部沿海地区，大量农作物被连根拔起，农业设施遭到严重损毁。

3. 农业安全教育的意义

安全教育旨在培育“识别风险—合规操作—应急处置”的综合能力体系。农业生产技艺是历史文化的瑰宝，安全事故却可能致使其失传。法国对传统农耕技艺传承者设有严格安全考核机制，确保古老农艺在安全前提下传承。中国袁隆平农业高科技股份有限公司在杂交水稻研发过程中，坚持安全第一原则，任何违背安全规范的人员禁止参与核心育种工作，以此守护国家粮食安全的核心技术。

澳大利亚 TAFE（Technical and Further Education，技术与继续教育）体系：将安全课程融入每门农业实践课程，学生须通过 8 类农业设备的安全操作考核才能进入实习农场。 以色列精准农业安全培训模式：通过“风险精准预控训练”，要求学生在农事操作前明晰五阶段风险（常态→隐患→风险升级→事故隐患→事故）。 荷兰瓦赫宁根大学农业安全模拟训练：运用 3D 虚拟技术构建事故场景，让学生在虚拟空间感受违规后果，脑电波监测显示该方式使安全记忆留存率提升 50%。

农业生产安全教育绝非单纯的条文记忆，而是关乎生命存续与农耕文明传承的深度思想变革。当学生真切领悟——联合收割机的防护栏是生命安全的坚实屏障、防护服的特殊材质承载着丰收希望的守护，安全准则便从生硬的规定升华为农人的庄重誓言。这种认知蜕变，正是劳动教育培育“全面发展的新农人”的关键价值所在。

1.2.2　基础安全规范与制度

为加强大学生农业生产实践安全管理，保障学生在实践过程中的生命安全和身体健康，依据教育部相关规定，结合农业生产实际，制定本规范与制度。

本规范与制度适用于参与农业生产实践的全体在校大学生。

1. 实践前准备

（1）安全教育培训

学校和实践单位应在实践开始前，联合组织开展农业生产实践安全教育培训。培训内容包括农业生产环境安全、农机具操作安全、化学药剂使用安全、生物安全等方面知识。通过案例分析、现场演示、模拟操作等方式，让学生了解农业生产实践中的安全风险及防范措施。例如，展示农机具操作不当引发的事故案例，讲解正确的操作方法。培训结束后，对学生进行安全知识考核，考核合格后方可参加实践。

（2）健康检查

学生在参加农业生产实践前，应进行必要的健康检查，确保身体状况适合参与实践活动。对于患有不适宜从事农业生产疾病（如严重心脏病、高血压、过敏体质等）的学生，应根据医生建议调整实践安排。

（3）物资准备

学生应根据实践要求，准备必要的个人防护用品，如安全帽、防护手套、防护鞋、口罩、护目镜等。

实践单位应为学生提供符合安全标准的农机具、化学药剂等，并确保其性能良好。

2. 农业生产环境安全

（1）了解环境风险

学生应在实践前，了解实践场所的自然环境和农业生产设施情况，熟悉潜在的安全风险。例如，了解实践地的地形地貌、气象条件（如暴雨、大风、高温、低温等）、水源情况，以及农业设施（如温室大棚、畜禽舍、灌溉系统等）的安全状况。

（2）遵守场所规定

在实践过程中，学生要严格遵守实践单位的安全规章制度和操作规程。不得擅自进入危险区域，如未标明安全的水塘、废弃仓库等。注意观察周围环境变化，遇到紧急情况及时向实践指导教师或单位工作人员报告。

3. 农机具操作安全

（1）培训与考核

学生必须接受农机具操作培训，熟悉农机具的性能、操作方法和安全注意事项。实践单位应安排专业技术人员对学生进行培训，并进行实际操作考核，合格后方可独立操作农机具。

（2）操作前检查

每次操作农机具前，学生要认真检查农机具的各个部件，确保其正常运行。检查内容包括燃油、润滑油、冷却水是否充足，刹车、离合、转向等装置是否灵敏可靠，刀具、链条等是否松动或磨损。

（3）规范操作

严格按照农机具操作规程进行操作，不得违规作业。例如，操作拖拉机时，要正确挂挡、控制车速，不得超载、超速行驶；操作收割机时，要保持匀速前进，避免急刹车或急转弯。

农机具运转时，不得进行维修、保养或清理杂物等操作。如需进行此类操作，必须先关闭发动机，并采取相应的安全措施。

（4）个人防护

操作农机具时，学生要穿戴好个人防护用品，防止发生意外伤害。长发应束起，不得佩戴围巾、领带等可能卷入农机具的物品。

4. 化学药剂使用安全

（1）知识学习

学生要学习化学药剂（如农药、化肥等）的基本知识，了解其毒性、腐蚀性、易燃易爆性等特性。掌握化学药剂的正确使用方法、储存要求和安全注意事项。

（2）购买与储存

购买化学药剂时，要选择正规渠道，确保产品质量合格，并索取产品说明书。按照药剂的特性，分类储存化学药剂，避免混合存放。储存场所应保持通风良好、干燥阴凉，远离火源、热源和儿童。

（3）配制与使用

严格按照化学药剂的使用说明配制和使用药剂，不得随意增加或减少剂量。配制药剂时，要在通风良好的地方进行，穿戴好防护服、口罩、手套等防护用品。使用药剂时，要选择合适的施药器械，并确保其正常运行。注意风向，避免药剂漂移到附近的农作物、水源或人员身上。

（4）废弃物处理

妥善处理化学药剂使用后的废弃物，不得随意丢弃。按照环保要求，对剩余药剂、空包装等进行回收或无害化处理。

5. 生物安全

（1）疾病防控

了解农业生产中常见病虫害的防控知识，学习正确的防治方法。在实践过程中，发现病虫害时，要及时向实践指导教师报告，并按照指导进行科学防治。避免随意引入外来物种，防止生物入侵。

（2）动物接触安全

接触畜禽等动物时，要注意自身安全，避免被动物咬伤、抓伤。按照动物饲养管理要求，正确进行喂食、清洁、防疫等操作。接触动物后，要及时洗手消毒。

6. 安全检查与隐患排查

（1）定期检查

学校和实践单位应定期对农业生产实践场所、设施设备、化学药剂等进行安全检查。检查内容包括农机具的安全性、化学药剂的储存和使用情况、农业设施的稳定性、环境卫生状况等。

（2）隐患整改

对检查中发现的安全隐患，要及时进行整改。明确整改责任人、整改期限和整改措施，确保隐患得到及时消除。对重大安全隐患，要立即停止相关作业，采取临时防护措施，并及时向上级报告。

7. 事故应急处理

（1）应急预案

学校和实践单位应制定农业生产实践安全事故应急预案。应急预案应包括应急组织机构、应急救援程序、事故报告流程、急救措施等内容。

（2）事故报告

发生安全事故后，现场学生应立即向实践指导教师或单位工作人员报告。实践指导教师或单位工作人员接到报告后，要迅速组织救援，并及时向上级主管部门报告。

（3）应急救援

按照应急预案，迅速开展应急救援工作，采取有效的急救措施，如止血、包扎、心肺复苏等，减少事故损失。保护事故现场，以便进行事故调查和原因分析。

8. 考核与奖惩

（1）考核

学校对参与农业生产实践的学生进行安全考核。考核内容包括安全知识掌握情况、实际操作表现、遵守安全规范情况等。考核结果作为学生实践成绩评定的重要依据。

（2）奖励

对在农业生产实践中遵守安全规范、表现优秀的学生，给予表彰和奖励。奖励方式包括授予荣誉证书、奖学金、优秀实习生称号等。

（3）惩罚

对违反安全规范的学生，视情节轻重给予批评教育、警告、记过等处分。对因违规操作导致安全事故的学生，依法依规追究责任。

1.3 任务安排

北京周边依托森林资源优势，将林下经济作为大学生劳动教育实践载体，契合绿色发展理念。通过参与林下种植、林下养殖、森林旅游等项目，学生可体验农林牧副渔复合业态，从生产到加工的全产业链实践，既掌握实用农业技能，又深化对生态保护与经济发展的认知。这一过程有助于培育劳动精神、艰苦奋斗品质，促进理论知识与生产实践融合，为培养尊重劳动、知行合一的新时代人才提供有效路径，夯实服务乡村振兴与生态文明建设的能力基础。

在大学生劳动实践开展林下经济相关活动时，进行林木树枝修剪及后续处理，需遵循如下专业流程与规范。

（1）林木修剪与处理作业

首先是林木树枝修剪环节。参与实践的人员应使用符合安全标准和专业要求的修剪工具，如图 1-5 所示，对林木进行系统性检查。按照既定的修剪原则，准确识别并修剪病枝、枯枝及过密枝。病枝会传播病菌，影响树木整体健康；枯枝已无生长活力，且可能存在断裂风险；过密枝会影响树木通风和光照，阻碍生长。

修剪完成后，需手动或者利用工具叉子将树枝整理成堆，如图 1-6 所示。此过程要确保树枝堆放整齐，便于后续处理。整理后的树枝堆应放置在距离树木 1 m 以外的区域，以避免在后续粉碎作业时对树木造成损伤，同时防止树枝堆影响树木根系生长和周围土壤环境。

图 1-5　林木修剪场景

图 1-6　林木树枝整理用叉子

随后使用机械设备对树枝进行粉碎。操作机械设备前，需对设备进行全面检查和调试，确保其正常运行。粉碎过程中，严格按照设备操作规程进行操作，保证粉碎效果，使树枝被充分粉碎成细小颗粒，如图 1-7 所示。

最后将粉碎后的树枝还林作为肥料。均匀地将粉碎颗粒撒布在林地土壤表面，让其逐渐融入土壤。这些粉碎后的树枝富含大量有机物质，能为树木生长提供丰富养分，促进土壤中微生物活动，改善土壤结构，实现林地生态系统的物质循环和能量流动，提高林地生产力，推动林下经济的可持续发展。以往学生从事林木修剪与处理的场景如图 1-8 所示。

图 1-7　林木树枝粉碎工作场景

图 1-8　学生从事林木修剪与处理的场景

（2）林木修剪与处理劳动任务书

本课程的林木修剪与处理劳动任务书见表 1-1。

表 1-1　林木修剪与处理劳动任务书

学习情景	林木修剪与处理		
具体任务	知　识　点	技　能　点	教学案例
林木修剪与处理	（1）林木修剪的基本常识 （2）配合专业的林业修剪人员，完成树枝整理成堆工作 （3）树枝粉碎后，将粉碎颗粒撒布在林地土壤表面 （4）整理工具	林木修剪与处理技巧	林下经济的林木修剪与处理方法和流程
任务要求	（1）安全方面：严格认真进行安全培训，了解并遵守林地作业的安全规范，在整个劳动过程中始终将安全放在首位。在林地作业时，注意观察周围环境，警惕可能存在的危险因素，如不稳定的树木等。遇到异常情况，应立即停止作业并向负责人报告 （2）纪律方面：严格遵守劳动纪律，服从负责人的统一指挥和安排，不得擅自离岗、串岗或进行与任务无关的活动。保持良好的团队协作精神，积极与其他成员沟通配合，共同完成任务 （3）劳动要求：熟悉常见的修剪工具（如修枝剪、锯子等）的特点、用途和正确使用方法。能够准确识别病枝、枯枝、过密枝、徒长枝等需要修剪的枝条类型，并了解其对树木生长的影响 （4）树枝整理要求：配合专业林业修剪人员时，要积极主动，听从指挥，不得随意打断或干扰专业人员的工作。在树枝整理过程中，动作要轻缓，避免对树木造成二次损伤。将修剪下来的树枝按照大小、长短、粗细等进行分类整理，确保树枝堆放整齐、有序。整理后的树枝堆应放置在指定的区域，距离树木 1 m 以外，且不得阻碍林地内的通行和其他作业。树枝堆的高度和宽度要适中，防止倒塌引发安全隐患 （5）粉碎颗粒撒布要求：在树枝粉碎过程中，要密切关注粉碎设备的运行状况，如发现异常声音、振动或其他故障，应立即停止设备运行，并及时报告专业人员进行处理。严格按照设备操作规程进行操作，确保粉碎效果，使树枝被充分粉碎成细小颗粒，颗粒大小应符合林业施肥的要求。撒布粉碎颗粒时，要均匀地将其覆盖在林地土壤表面，避免出现局部堆积或遗漏的情况。撒布范围应覆盖整个林地，但要注意避开树木的树干基部，防止对树木根系造成伤害。撒布完成后，要对撒布效果进行检查，如有不均匀或不符合要求的地方，应及时进行补撒和调整		

续上表

任务要求	（6）工具整理要求：作业结束后，及时清理工具上的杂物、油污和泥土，保持工具的清洁。对于修剪工具，要进行适当的打磨和保养，确保刃口锋利。按照工具的种类、规格进行分类存放，将其放置在指定的工具柜或工具架上，摆放整齐。检查工具是否有损坏或缺失的情况，如有损坏应及时报告并进行维修或更换；如有缺失要及时查找，确保工具的数量完整 （7）时间要求：严格按照预定的时间安排开展各项任务，不得无故拖延或提前结束作业。对于每个具体任务，要合理分配时间，确保各项工作能够高效、有序地完成。例如，在规定的时间内完成林木修剪常识的学习与考核、在专业人员完成修剪后及时完成树枝整理工作等。如因特殊情况需要调整时间安排，必须提前向负责人报告，经批准后方可进行

（3）林木修剪与处理材料准备

课前应准备的林木修剪与处理材料见表 1-2。

表 1-2　林木修剪与处理材料清单

类　别	名　称	规　格	数　量	用　途	要　求
修剪工具	高枝锯	SK5 钢 5 m 绝缘高枝锯	1 套	专门用于修剪高处树枝。部分高枝锯为电动或油动，动力强劲	长杆设计，杆长可达数米，有些还配备可伸缩功能，能根据实际需要调整长度
整理工具	叉子	农用钢叉	1 把	将整理成堆的树枝搬运到指定地点时，叉子能更方便地挑起和移动树枝	通常有多个齿，可用于叉起和搬运树枝堆。材质一般为金属，坚固耐用
粉碎工具	柴油树枝粉碎机	—	1 台	将修剪下来的树枝进行粉碎处理，使其变成细小的颗粒，以便作为肥料还林	柴油树枝粉碎机适用于野外等没有电源的环境，动力强劲
防护工具	安全帽	—	1 顶	在整个林木修剪与处理过程中，作业人员都应佩戴安全帽，尤其是在修剪高处树枝时，防止树枝掉落砸伤头部	能有效保护头部免受树枝、工具等掉落物的伤害，一般采用高强度塑料或纤维材质制成，具有良好的抗冲击性能
	手套	—	1 副	防止手部被树枝划伤	在修剪树枝、搬运树枝和操作机械设备时，都需要佩戴手套，保护手部安全
	护目镜	—	1 副	可以防止木屑、灰尘等进入眼睛，保护眼部健康	通常采用防冲击镜片和舒适的镜框设计

1.4　任务实施

林木修剪与处理是林业管理中的一项重要工作，它不仅关系到树木的健康生长，还影响到森林生态系统的稳定性和可持续性。本书旨在通过实践操作，使学生掌握林木修剪与处理的基本技能，了解其对于森林生态和林下经济的重要性，并培养学生的实践操作能力和环保意识。林木修剪与处理工作涉及多个环节，包括修剪、整理、粉碎和还林等。每个环节都有其特定的工具和操作技巧，需要学生具备一定的专业知识和技能。通过实践操作，学生将能够熟练使用这些工具，并了解如何安全、高效地完成林木修剪与处理工作。

1.4.1 树枝修剪

使用电动高枝锯修剪树枝，如图 1-9 所示，修剪树枝的步骤如下。

图 1-9 树枝修剪实操

1. 设备检查与准备

①检查锯链张紧度：链条应贴紧导板下部，但能用手推动（过紧会损伤轴承）。

②确认润滑油充足：油箱油位正常，链条运行时需有油溅出（无油会导致链条损毁）。

③检查电源 / 电池：接通电源或安装满电锂电池，背负式控制模块需固定稳妥。

2. 定位与夹持树枝

①举起支撑杆，将固定机械手搭扣在目标树枝上。

②按下夹持开关，电磁铁吸合夹持机械手，与固定机械手共同夹紧树枝（内侧软橡胶层防损伤）。

3. 切割操作

①小树枝（直径<5 cm）：直接打开锯切开关，直线锯往复运动切割。通过速度旋钮调节锯切频率，适应不同木质硬度。

②大树枝（直径≥5 cm）：先剪下口，调节卡口向上，从树枝下方锯入 1/3~1/2 深度。再剪上口，调节卡口向下，从上方锯入直至与下口连通，树枝自然掉落（防树皮撕裂）。

③分段切割：过重树枝需分段锯除，避免坠落风险。

4. 复位与清理

①关闭锯切开关和旋转开关，驱动电机自动回正锯条。

②松开夹持开关，弹簧推动机械手释放树枝。

③清理网罩内锯末，避免堵塞（部分型号含外罩和网罩设计）。

1.4.2 树枝整理成堆

在树枝整理过程中，将修剪下来的树枝进行整理，确保树枝堆放整齐、有序。整理后的树枝堆应放置在指定的区域，距离树木 1 m 以外，且不得阻碍林地内的通行和其他作业。树枝堆的高度和宽度要适中，防止倒塌引发安全隐患，如图 1-10 所示。

图 1-10 树枝整理成堆

1. 设备检查与准备

①穿戴防割手套，防滑鞋及护目镜可以选择性佩戴，应避免树枝划伤。

②清理作业区域碎石杂物，确保地面平整无障碍物。

③准备叉车、钢叉或手动搬运工具，规划树枝临时堆放区（需远离树木、电线及行人通道）。

④按树枝直径分类：粗枝（≥5 cm）与细枝分开堆放，便于后续粉碎或运输。

2. 树枝整理与堆放步骤

①用叉子或徒手将分散树枝拖拽至集中点，避免用力抛掷导致枝条断裂飞溅。

②交错堆叠法：底层铺放较粗树枝作为支撑，上层细枝交叉叠放，增加摩擦力防塌（参考木材堆放原理）。

③定向码放：保持枝条大致平行，枝梢朝向一致，减少空隙提高堆体稳定性。

④每层高度≤50 cm 时横向穿插长枝加固，防止滚动。

⑤每个堆积高度不高于 150 cm。

1.4.3　树枝粉碎

整理完成之后，由专业技术工人进行树枝粉碎（见图 1-11），学生不做此项操作。树枝被粉碎时，学生要远离粉碎区域。

图 1-11　树枝粉碎操作

1.4.4　树枝颗粒撒布

粉碎完成后，撒布粉碎颗粒时，学生要佩戴口罩，防止粉尘吸入。要均匀地将颗粒覆盖在林地土壤表面，避免出现局部堆积或遗漏的情况。撒布范围应覆盖整个林地，但要注意避开树木的树干基部，防止对树木根系造成伤害。撒布完成后，要对撒布效果进行检查，如有不均匀或不符合要求的地方，应及时进行补撒和调整，如图 1-12 所示。

1.4.5　工具整理

作业结束后，及时清理工具上的杂物、油污和泥土，保持工具的清洁。对于修剪工具，要进行适当的打磨和保养，确保刃口锋利。按照工具的种类、规格进行分类存放，将其放置在指定的工具柜或工具架上，摆放整齐。检查工具是否有损坏或缺失的情况，如有损坏应及时报告并进行维修或更换；如有缺失要及时查找，确保工具的数量完整。

图 1-12　树枝颗粒撒布

1.5 成果展示及教师评分

林木修剪劳动需按 8 课时规划有序推进，通过三环节保障成效：一是建过程档案，每课时多角度拍摄修剪细节与现场，为质量追溯提供可靠依据；二是强团队协作，依成员专长设规划员、操作员、记录员等岗位，实现流程高效衔接；三是严控标准，从修剪角度、切口平整度到粉碎粒度、施肥均匀度，均通过自检互查确保达标。此流程既保障作业质量，又为教师评价提供直观评分依据，实现过程管理与结果考核有机融合。

1.5.1 课程说明与展示要求

1. 劳动时长与课时安排

本次林木修剪与处理劳动课程共计 8 个课时，学生应严格按照预定的时间安排开展各项任务，不得无故拖延或提前结束作业。对于每个具体任务，要合理分配时间，确保各项工作能够高效、有序地完成。例如，在规定的时间内完成林木修剪常识的学习与考核、在专业人员完成修剪后及时完成树枝整理工作等。如因特殊情况需要调整时间安排，必须提前向负责人报告，并经批准后方可进行。

2. 照片记录要求

在林木修剪与处理劳动过程中，建议学生对劳动过程和成果进行拍照记录，拍照过程中一定要保证安全。一方面记录劳动的美好瞬间，同时为后期撰写劳动成果总结报告使用；另一方面为老师提供该劳动环节评分依据，有助于老师更全面、准确地评估各小组的实践成果。

（1）记录内容

劳动成果展示：每个劳动环节结束后，小组成员需对成果进行全方位、多角度拍照记录。照片应包含小组全部成员及成果展示，可请求其他小组同学帮忙照相，记录小组每个成员的劳动精彩瞬间，确保老师能够直观、准确地评估作品的完成度与质量。

（2）照片质量与数量

质量要求：照片无强制性的专业设备或高规格打印要求，但必须保证图像清晰，能够清晰辨认作品细节和人物面部特征，确保老师能够清晰明了地查看照片内容。

数量要求：每个成员劳动瞬间至少各一张，小组与劳动成果合影至少一张，应全面展示工作过程和成果。但需注意避免拍摄大量重复、无实质内容的照片，提高照片的有效性和针对性。

（3）照片整理与提交

打印与装订：所有照片需在课程结束后统一打印成纸质材料。打印时，应选择合适的纸张规格和质量，确保照片易于查看和保存。打印完成后，按照课时顺序将照片进行整理装订，形成一个完整的课时照片集。

成果展示标注：将装订好的照片集张贴至后续指定的成果展示小节中。在照片集封面或醒目位置，清晰标注小组名称、课程名称、完成日期等基本信息。同时，在每张照片下方或合适位置，用简洁明了的文字说明照片所对应的劳动场景（如姓名、作品名称、操作环节等）。

1.5.2　成果展示

小组信息及劳动内容、成果展示请记录在表 1-3 和表 1-4 中。

表 1-3　小组信息及劳动内容

小组序号					
小组名称					
劳动时间（年 / 月 / 日）				劳动地点	
组　　长		成　　员			
劳动内容 1					
劳动时长 1		开始时间		结束时间	
劳动内容 2					
劳动时长 2		开始时间		结束时间	
劳动内容 3					
劳动时长 3		开始时间		结束时间	
劳动内容 4					
劳动时长 4		开始时间		结束时间	
备　　注					

表 1-4　成果展示单

劳动时间（年 / 月 / 日）	成果展示	劳动内容
	（照片粘贴处）	

续上表

劳动时间 （年 / 月 / 日）	成果展示	劳动内容
	（照片粘贴处）	

续上表

劳动时间（年 / 月 / 日）	成果展示	劳动内容
	（照片粘贴处）	

续上表

劳动时间 （年 / 月 / 日）	成果展示	劳动内容
	（照片粘贴处）	

续上表

劳动时间（年/月/日）	成果展示	劳动内容
学生实践收获与感想		
教师总体评分		

第2章 木工

在人工智能时代，我们为何仍需拾起凿刀？答案藏于应县木塔的千年榫卯——那不仅是木材的咬合，更是人类与自然的深度对话。木工，这门流淌于华夏文明血脉的技艺，是连接过去与未来的桥梁，亦是淬炼心智的熔炉。

触摸木纹的年轮，劳动教育已超越技能传授：每一次精准刨削训练空间思维，每一处严丝合缝的榫卯演绎结构力学，每一次瑕疵改造激发创新意识。在木工坊这个“匠人实验室”，传统凿刻与智能机床共鸣，让年轻人在科技与手作的碰撞中，重拾被数字洪流冲淡的创造实感。

高速旋转的电动工具教会敬畏规则，精雕细琢的手工重塑专注之力，团队协作的装置搭建诠释“独木不成林”的真谛。当木屑纷飞中诞生作品时，那份从无到有的创造喜悦，正是对抗虚无浮华的清醒剂。以木为纸，以器为笔，在木香萦绕中书写新时代的匠心传奇。

知识导图

- 木　工
  - 木工相关知识
    - 木工概述
    - 木　材
    - 主要木工工具
  - 木工安全教育
    - 安全教育的必要性
    - 基础安全规范与制度
    - 工具设备安全操作详解
    - 安全隐患场景化训练
    - 应急处理与事故预案
  - 任务安排
    - 便携式折叠凳零件图纸
  - 任务实施
    - 画线标号
    - 木材切割
    - 木材修圆
    - 钻　孔
    - 组　装
    - 调整打磨
    - 涂饰木蜡油（选做）
    - 成　品
  - 成果展示及教师评价
    - 课程说明与展示要求
    - 成果展示

学习目标

（1）了解木工技艺的文化根基与科学原理，掌握传统榫卯结构智慧及现代木工职业形态。学习常见木材特性（纹理、硬度、含水率）及其加工适应性，理解工具力学原理（如锯切角度），培养基础工程制图识图能力，建立从材料认知到工艺设计的系统性知识框架。

（2）掌握木工操作所需电动工具（台锯、台钻等）和手动工具（手锯、锉刀等）的安全操作，能独立完成从测量、下料到成品组装全流程。提升木材缺陷处理能力（节疤规避、裂纹修复），通过误差调整训练空间思维与问题解决能力，实现从图纸到实物的精准转化。

（3）养成毫米级精度的工匠精神，践行“三验制度”（验图纸、验尺寸、验功能），培养专注、耐心的工作态度。理解生态理念，实现木料高效利用与废料再生；在劳动中体会创造价值，形成“安全第一、质量为本”的职业价值观。

（4）严格执行个人防护（护目镜、防尘口罩）与设备安全操作规范，掌握工具风险点（如台锯、台钻）及应急处理流程。建立 6S 现场管理意识，养成设备使用前检查、操作中避让危险区、结束后清理隐患的职业习惯，筑牢安全防线。

2.1 木工相关知识

木工技艺作为中华文明的重要载体，其认知教育需从历史脉络与技术体系双维度展开。传统木工以榫卯结构为核心，通过建筑营造与家具制作满足社会需要，其框架体系与标准化生产理念至今仍影响着现代木作。随着技术革新，电动工具与数控加工的引入使木工行业实现精密化转型，但传统技艺中的东方智慧仍通过师徒制与现代职业教育得以延续。本课程通过解析木工分类、应用领域及测量工具的发展，帮助学生构建“技术—文化—创新”三位一体的认知框架，为后续实践环节奠定理论基础。

2.1.1 木工概述

1. 木工的发展历史

木工作为中国最古老的工种之一，其发展历程堪称一部浓缩的中华文明技术史。早在新石器时代，先民们便开启了木作文明的曙光。1973 年浙江余姚河姆渡遗址的考古发现震惊世界——距今约 6 500—7 000 年的第四文化层中，出土了带有榫卯结构的干栏式建筑构件。其中最具代表性的“燕尾榫”和“企口板”，以精确的凹凸咬合方式实现了木构件连接，这种突破性的工艺将我国木构建筑史提前至 7 000 年前，与欧洲中部同期榫卯实例共同构成人类早期建筑技术的重要见证。遗址中发现的木质水井支护结构，更展现出先民对木材力学特性的深刻认知，标志着中国木作技术从原始捆绑阶段迈入精密构造时代。

春秋战国时期，木工技术迎来体系化发展的重要节点。成书于公元前 5 世纪的《考工记》将“攻木之工”细分为七类，包括轮人（制作车轮）、舆人（制作车厢）、弓人（制作弓箭）等专业分工，并将木工尊为“百工之首”。这一时期，被后世尊为“匠圣”的鲁班（公输般）对工具进行了划时代改良：他改进的“班母”（墨斗定位钩）使弹线精度提升十倍，创造的“班妻”（刨木固定装置）让木材加工效率倍增。1978 年湖北随州曾侯乙墓出土的战国漆木器，其精密榫接结构与 0.2 毫米级的雕刻误差，实证了当时木工技艺的巅峰水平。

唐宋时期，木作工具的革命性进步推动了建筑与家具艺术的飞跃。唐代发明的框锯取代传统的刀形锯，使木料解板效率提升五倍以上，这从敦煌壁画《五台山图》中描绘的佛寺建筑规模可见端倪。北宋李诫编著的《营造法式》记载了“材分制”模数体系，将建筑构件标准化生产推向新高度。河南开封铁塔的琉璃木构仿建技术、山西佛光寺大殿的“斗拱悬浮”结构，都是这一时期木工智慧的结晶。张择端《清明上河图》中细致描绘的汴京木工作坊场景——匠人们使用与现代无异的平推刨、曲尺划线，印证了宋代木工工具的成熟体系。

明清两代，中国木工技艺攀上工艺美学的巅峰。明成祖兴建紫禁城（现为北京故宫博物院）（见图 2-1）时，匠师蒯祥创造的“金刚腿”门槛工艺，通过 72 个精密榫头实现无钉安装，其设计的“千层底”柱础结构至今仍为古建修复的典范。苏州香山帮匠人运用“一根藤”工艺制作的明式家具，将硬木加工技术推向极致，紫檀木构件可加工至 1 mm 厚度仍保持结构强度。清代“样式雷”家族留下的万余张建筑烫样（立体模型），通过可拆解的木构组合，预演了从地基到屋脊的完整营造过程，这种系统化思维比现代建筑信息模型（building information model, BIM）技术早诞生三百年。

图 2-1　世界上现存规模最大、保存最为完整的木质结构建筑群——故宫

从河姆渡的原始榫卯到故宫的藻井天花，中国木工技艺的演进史，不仅是一部工具改良史，更是东方智慧的物化呈现。榫卯结构蕴含的“以柔克刚”哲学，框架体系体现的“标准化生产”思维，至今仍在现代建筑与工业设计中闪耀光芒。这种跨越七千年的技艺传承，让木工超越了单纯的技术范畴，成为中华文明重要的文化基因。

2. 木工的分类

（1）传统分类

①大木作。“大木作”中的“作”指专业工种，特指传统建筑的主体结构营造，如梁柱、斗拱等。这类匠人需精通建筑力学与空间规划，既要确保梁架承重合理，又要兼顾建筑美学。其核心技艺体现在斗拱体系——以故宫太和殿为例，檐下层层出挑的斗拱群，通过“杠杆原理”将屋顶荷载传递至立柱。大木作匠人使用丈杆（标有尺寸的专用木尺）和篙尺（等比缩尺）进行放样，掌握“侧脚”（柱体微倾）与“生起”（檐柱渐高）等结构技法，使建筑具备抗震性能。北宋《营造法式》记载的“材分制”，即是大木作标准化施工的典范。

②小木作。“小木作”专攻建筑装饰与家具制作，其名称源于与“大木”结构的尺寸对比。这类工匠将功能性与艺术性结合到极致：明代黄花梨夹头榫画案，通过楔钉榫实现案面与腿足的精密连接；苏州园林的万字纹窗棂，采用“攒斗”工艺将细木条拼接成繁复图案。小木作尤其注重表面处理，发展出“一木连做”（整料雕刻）、“裹腿做”（装饰性包边）等独特工艺。《清代匠作则例》记载，宫廷小木作细分为雕銮作（浮雕）、旋作（车木）、镶嵌作三大门类，代表传统细木工艺的最高水准。图 2-2 所示为中式木雕工艺品。

图 2-2　中式木雕工艺品

③圆木作。“圆木作”得名于其产品多为圆弧形容器，核心技术在于木材弯曲定型。匠人采用蒸煮软化法：将杉木、柏木等柔性木材置于蒸汽窑中，待木质纤维软化后，用箍桶模具定型。出土的战国漆木扁壶，壶身由 32 块弧形木片通过竹钉暗榫拼接，证明该工艺早在先秦时期已成熟。典型制品如木澡盆，需经过“拼板→弯箍→嵌底→烫蜡”四道工序，接缝处用血料灰（动物血混合石灰）填缝确保防水。这门技艺至今仍在酿酒木桶、民族乐器制作中延续。

④车匠。“车匠”之名源自其核心工具——木工车床，古代称“旋床”。工匠通过脚踏皮带驱动木坯旋转，用旋刀进行车削加工。河北定州静志寺塔基地宫出土的北宋木供桌，其马蹄足造型展现出娴熟的车工技艺。车匠需掌握“外圆内方”的特殊工艺，如明清家具中的瓜棱腿，需在圆柱体上车削出等距凹槽，形成仿生造型。现代数控车床虽提升效率，但传统车匠仍不可替代——故宫倦勤斋的通景画框，其竹节纹柱头便是手工车削与雕刻结合的杰作。

（2）现代分工

①建筑木工。如图 2-3 所示，建筑木工是当代营建体系的核心工种，其核心任务包括模板制作与轻钢龙骨安装。在混凝土浇筑环节，木工需根据结构图纸搭建精准模板：采用 18 mm 防水多层板作为面板，配合方木背楞（间距≤200 mm）与盘扣式支撑体系，确保模板系统能承受 60 kN/m^2 的混凝土侧压力。在室内装修领域，轻钢龙骨隔墙施工需严格执行《建筑装饰装修工程质量验收标准》（GB 50210—2018）：主龙骨间距≤1 200 mm，副龙骨间距≤400 mm，石膏板接缝必须错开龙骨位置并预留 3~5 mm 伸缩缝。现代建筑木工还需掌握 BIM 技术，通过三维模型预演管线穿越龙骨的预留孔洞位置，避免施工冲突。

图 2-3　现代建筑木工

②家具木工。当代家具木工呈现两极分化发展：高端定制领域延续明式榫卯精髓，如采用楔钉榫制作弧形圈椅，接缝精度要求≤0.2 mm；批量生产端则依托 CNC（computerized numerical control，计算机数控技术）数控加工中心，通过 CAD/CAM（computer aided design/computer aided manufacturing，计算机辅助设计 / 计算机辅助制造）系统实现日均 300 件板式家具的标准化产出。在材料应用上，既有传统硬木的雕刻工艺——如用镂雕技法在紫檀木上呈现 0.5 mm 精度的卷草纹；也创新使用竹集成材等环保材料，通过高频拼板机实现无胶水拼接。智能工厂中的五轴加工机床可同步完成开料、钻孔、封边，使定制家具交付周期缩短至 72 h。但手工环节依然不可替代，意大利卡西纳（CASSINA）公司的限量版家具仍保留手工刮磨工序，用鲨鱼皮打磨出特有的温润触感。

③修复木工。古建修复木工需具备双重能力：既要熟稔传统工具技法——如使用手推刨恢复清代格扇门的“指甲圆”线脚，又要掌握现代加固技术，图 2-4 所示为古建筑修复木工工作照。应县木塔修缮中，修复

图 2-4　古建筑修复木工

团队采用“微创手术”方案：在二层倾斜柱体植入碳纤维布增强抗弯强度，同时用原位顶升系统配合北斗监测，以 0.1 mm/ 天的精度逐步纠偏。日常维护则运用三维激光扫描建立毫米级数字档案，通过对比历年数据预判病害发展趋势。在材料选择上，严格遵循“原材质、原工艺”原则——为故宫乾隆花园寻访河北承德特定矿脉的青白石粉调制传统腻子，甚至复刻明代“桐油石灰”配方填补砖雕裂缝。这类工匠往往需接受十年以上师徒传承，既要能解读《营造法式》中的“举折之制”，又要会操作应力波检测仪分析木构件内部腐朽情况。

3. 木工基础工艺

（1）材料处理

①选材。木材选择需遵循“适材适用”原则：建筑结构首选北美花旗松（抗弯强度≥85 MPa），其纵向纤维抗压性堪比钢材；家具雕刻采用小叶紫檀（气干密度 1.05~1.26 g/cm³），其细密纹理可承载 0.1 mm 精度的浮雕。选材时需用含水率检测仪确保指标达标——建筑用材需控制在 12% 以下，乐器用材要求 8%±1%。纹理走向决定加工方式：制作琴板必须严格遵循径切法（年轮与板面呈 60°~90°），以保证声学性能；箱体制作采用弦切法获取特征性山水纹。

②干燥。传统阴干需在遮阳通风棚内码放 3~5 年，通过自然温湿度调节稳定木质。现代采用三阶段干燥法：①预处理：蒸汽窑 80 ℃ 处理 48 h，分解木材内应力；②梯度干燥：从 45 ℃逐步升至 65 ℃，湿度由 80% 降至 30%；③平衡养生：在 20 ℃/60% RH 环境中放置 90 d。

故宫太和殿大修时，直径 1.2 m 的金丝楠木柱即采用此工艺，最终含水率控制在 10.5%，变形量≤2 mm/m。

（2）核心工艺

①榫卯结构。榫卯结构包括燕尾式榫（见图 2-5）、楔钉榫、斗拱等部分。其中故宫中部分文物采用的燕尾榫，其箱体连接采用 7 : 1 斜度，通过故宫文物检测发现其抗拉强度达 120 kg/cm²。而楔钉榫结构主要用于圈椅（太师椅）弧形构件，借助双头斜楔实现三维锁定。古代大型木制建筑多采用斗拱结构，例如，应县木塔使用华拱（悬挑承重）、交互斗（应力传递）、昂（杠杆平衡）三类构件，54 种组合形成“弹性结构”，实测可消减 60% 地震能量。2023 年振动台试验显示，其 1:10 模型可抵御 9 度（地震裂度）地震（相当于汶川地震强度）。

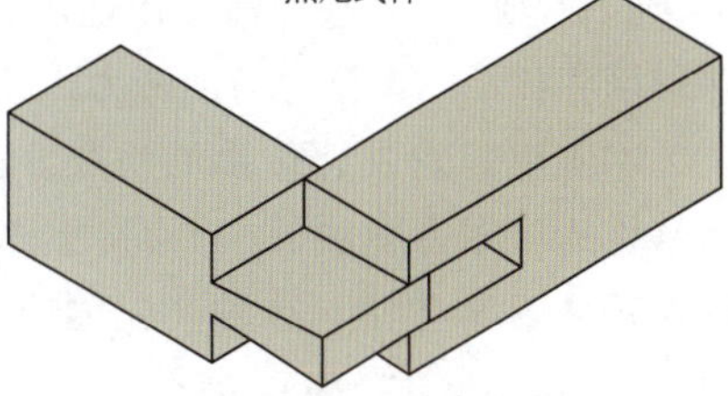

图 2-5 传统榫卯结构——燕尾式榫

②表面处理。木材的表面处理工艺包括刨光（粗刨至细刨）、刮磨（用榜刨去除毛刺）、烫蜡等。其中，明代家具的“包浆”效果即源于刮磨工艺，经 2 000 目鱼鳞松木炭打磨后，家具形成可映出人脸纹理的“镜面包浆”。烫蜡工艺指将蜂蜡加热至 95 ℃ 渗透木质，冷却后形成 0.03 mm 氧化保护层，故宫倦勤斋隔扇经此处理，200 年未开裂。

（3）现代施工流程

①建筑木工标准化作业。

弹线定位：采用激光投线仪（精度 ±1 mm/10 m）确定轴线；

龙骨安装：轻钢龙骨选用 U50 系列（壁厚≥0.6 mm），竖向龙骨间距 407 mm（满足石膏板 1 220 mm 标准宽度）；

石膏板施工：使用 ϕ3.5×25 mm 自攻螺钉，间距≤200 mm，钉帽沉入板面 0.5~1 mm，批腻子前需涂刷防锈漆；

异形处理：曲面造型采用 BIM 放样→数控开料→木工现场组模三联动模式，如国家大剧院 GRG（glassfiber reinforced gypsum，玻璃纤维增强石膏）造型误差控制≤2 mm 家具制作：图纸分解→数控下料→手工组装（误差控制≤0.2 mm）→环保涂装。

②家具智造全流程。

数字化分解：通过 AutoCAD Furniture（AutoCAD 家具）将三维模型拆解为 258 个加工节点。

智能下料：五轴 CNC 机床根据纹理走向优化切割路径，材料利用率提升至 92%。

精密组装：采用瑞士产角度校准仪（精度 0.01°）控制榫卯配合，德国 Fischer 夹具系统确保压力均衡。

环保涂装：水性 UV（ultra violet ray，紫外线）涂料经 6 道喷涂（总厚度 80~120 μm），VOC（volatile organic compounds，挥发性有机化合物）排放量≤50 g/L（欧盟 E1 标准）。

4. 木工的文化价值与技术挑战

木工技艺是中华文明的重要载体，其文化价值贯穿于历史、艺术与哲学维度。榫卯结构作为中国古代建筑的核心技术，不仅体现了“以柔克刚”的东方智慧，更成为“天人合一”哲学观的物化表达。从河姆渡遗址的原始榫卯到明清家具的“材美工巧”，木工技艺始终是中国人生活美学的核心元素。例如，明式家具通过“一木连做”“裹腿做”等工艺，将功能性与艺术性完美融合，其简约线条至今仍是现代设计的灵感源泉。

在精神层面，木工承载着工匠精神的深层内涵。故宫修缮师蒯祥的“金刚腿”门槛工艺、当代“阿木爷爷”王德文凭手工打造世博会中国馆模型的事迹，均展现了“一生择一事”的专注追求。这种精神在现代教育中得以延续——黄山屯溪区奕棋镇中心小学通过木工课程培养孩子的专注力与创造力，让萌娃在打磨木料中体会“匠心如琢”的深意。

木工更是跨文化传播的桥梁。王德文的榫卯视频在海外平台播放量超 2 亿次，被外国网友称为“东方魔法”；千年舟集团将东阳木雕与苏绣融入现代家居设计，使非遗技艺从博物馆走入日常生活。这种文化输出不仅展现技术魅力，更传递了中国传统哲学中“材尽其用”“生生不息”的生态观。

木工技艺在当代面临多重技术挑战，核心矛盾在于保护与创新的平衡。以古建筑修复为例，应县木塔因 20 世纪 30 年代错误拆除夹泥墙导致倾斜加剧，至今修复方案仍争议不断：若采用传统工艺“修旧如旧”，可能无法阻止持续变形；若引入碳纤维加固等现代技术，又恐破坏历史原真性。类似困境亦见于木雕领域，宜都木雕传承人汪功明发现，机械化生产虽提升效率，但手工雕刻的“温度”与创造力难以替代。

工业化冲击对传统技艺传承构成威胁。现代木工行业要求从业者兼具数控机床操作能力（如 CAD 设计、五轴加工中心）与传统手工技能。例如，世界技能大赛精细木工金牌得主邵茹鹏，需在 0.2 mm 误差内完成榫卯拼接，同时掌握激光雕刻机与传统凿刀的双重技能。这种复合型人才缺口显著——郑州工业技师学院通过“木工竞赛班”培养选手，每日训练超 10 h，以应对高精度、高强度的现代竞赛标准。

材料科学与生态压力亦带来新挑战。传统木材干燥需 3~5 年阴干，而现代微波干燥技术虽将周期缩至 45 天，却可能破坏木质纤维稳定性；红木等珍稀材料的稀缺性迫使匠人探索竹集成材、再生木材等替代方案，如何在环保与美学间取得平衡成为新课题。

面对挑战，木工技艺正通过技术创新与教育革新开辟新路径。在技术层面，三维激光扫描与数字孪生技术为古建筑保护提供解决方案——应县木塔修复团队通过北斗监测系统实现 0.1 mm/d 的精准纠偏；佛山企业开发学生安全机床与智能数控设备，将传统榫卯制作误差控制在 ±0.05 mm。

教育体系成为传承的关键阵地。北京文旺阁木作博物馆通过“二十四节气农具展”“木工坊实践课”等互动项目，年均吸引 5 万名学生参与；上海市城市科技学校设立“创意木工社团”，培养出世界技能大赛冠军邵茹鹏，其“每分必争”的训练哲学重塑了青年对工匠精神的认知。高校则推动跨学科融合——木工课程融入物理学（木材力学）、数学（几何放样）、艺术设计（造型美学），使学生形成系统化工程思维。

木工技艺的存续关乎文明基因的传承。正如梁思成所言：“护塔即是护文明之根”，当代人需以更开放的姿态拥抱变革：既要通过“非遗 + 科技”模式［如 AR（augmented reality，增强现实）装配指导、智能传感器监测］实现预防性保护，也要在市场化中探索创新路径——千年舟集团将木雕、铜艺与家居设计结合，让传统纹样化身现代生活美学符号。

对大学生而言，木工不仅是劳动教育实践课程的一部分，更是文化认同的构建。从阿木爷爷的榫卯玩具到邵茹鹏的“头发丝精度”，这些案例证明：传统技艺从未过时，它正在与现代科技的碰撞中焕发新生。参与木工实践，即是在触摸文明脉络的同时，为解决“如何让千年遗产活得更久远”这一时代命题贡献智慧。

2.1.2 木材

1. 传统木材

（1）木制建筑

①松木。松木是中国古建筑的核心材料，以红松（抗弯强度 85 MPa）与马尾松（密度 0.48 g/cm^3）为主。应县木塔使用的 3 000 m^3 红松，因富含松脂具备天然防腐性，其纵向纤维抗压强度可达 60 MPa，相当于现代混凝土柱的承载能力。

②杉木。杉木轻质（密度 0.35 g/cm^3）且耐腐，宋代《营造法式》规定其用于椽条制作。福建土楼的穿斗式结构即采用杉木，通过榫卯连接形成抗震框架。

（2）木制家具

①硬木三宝。

紫檀（气干密度 1.05~1.26 g/cm^3）：明代家具首选，其细密纹理可承载 0.1 mm 精度的浮雕。

黄花梨（抗弯强度 118 MPa）：木纹如行云流水，故宫太和殿龙椅即以此材打造。

鸡翅木［硬度 HB（Brinell Hardness，布氏硬度值）为 5.6］：因纹理似鸟羽得名，清代多用于文房用具。

②软木应用。

楠木（金丝楠）：因木射线结晶形成“金丝”效果，成为帝王棺椁专用材；樟木天然防虫特性使其成为衣箱制作首选。

（3）其他

梓木（振动传导性强）：古代琴瑟共鸣箱必选材料，曾侯乙墓出土的二十五弦瑟即为其例。

铁力木（密度 1.3 g/cm^3）：常用于造船，郑和宝船的龙骨多取材于此。

2. 现代工程木材

（1）人造板材

人造胶合板（3~21 层）：如图 2-6 所示，人造胶合板通过正交组坯（相邻层木纹垂直）消除各向异性，弯曲强度较实木提升 40%。宜家家具多采用桦木胶合板，其环保等级达 E0 标准（甲醛释放≤0.05 mg/m^3）。

图 2-6　人造胶合板

OSB（oriented strand board，欧松板，学名定向刨花板）：长条刨片定向铺装，握钉力是普通密度板的 3 倍，现代木结构房屋的墙体骨架多采用此材料。

LVL（laminated veneer lumber，单板层积材）：旋切单板经酚醛树脂胶合，可替代钢梁使用，日本阪神地震后重建大量采用此材料。

（2）改性木材

炭化木（热处理 180~230 ℃）：降低吸湿性 50%，苏州博物馆新馆外墙即用炭化杉木，实现防腐与纹理保留的双重效果。

塑木复合材料［木纤维 +PE（polyethylene，聚乙烯）］：回收塑料与木屑混合挤出，耐候性极佳，上海世博会加拿大馆外立面采用此材料。

（3）竹材

竹集成材：竹片经高温展平→碳化→高压胶合，抗拉强度达 300 MPa（优于普通钢材）。G20 杭州峰会座椅即采用此材料，体现东方生态美学。

重竹（密度 1.2 g/cm^3）：通过浸胶热压工艺，硬度超越紫檀，成为户外地板新宠。

3. 木材特性

（1）物理特性

各向异性：木材在不同方向（纵向、径向、弦向）的力学性能差异显著。例如，纵向抗拉强度可达 120 MPa（如橡木），而横向抗拉强度仅为其 1/10。

吸湿性：木材含水率随环境湿度变化，平衡含水率通常为 8%~15%，过度吸湿易导致膨胀变形。

纹理美学：年轮、木射线等天然纹理形成独特装饰效果，如胡桃木的抛物线纹、枫木的鸟眼纹。

（2）力学特性

比强度高：木材的强度 / 重量比优于钢材，云杉纵向抗压强度达 40 MPa，而密度仅为 0.45 g/cm^3。

弹性与韧性：木材可吸收冲击能量，抗震性能突出，日本传统木构建筑通过榫卯结构的柔性连接抵御地震。

（3）化学特性

天然耐腐性：部分木材含抗菌成分，如樟木的樟脑可防虫蛀，柚木的天然油脂耐腐蚀。

可燃性：木材燃点约 270 ℃，燃烧释放热量 18 MJ/kg，需进行阻燃处理（如磷酸铵浸渍）。

（4）木材制品的优缺点

木材制品凭借其生态友好性、加工灵活性和舒适性成为多领域优选材料。作为可再生资源，速生林轮伐周期仅 5~7 年，每立方米木材可封存 1.8 t 二氧化碳，且废弃后可自然降解（2~10 年），显著优于塑料的 500 年降解周期。其加工便利性体现在广泛硬度范围（橡木 Janka（简卡）硬度 1 360 lbf，松木 380 lbf），既适合手工雕刻 0.1 mm 精度的艺术木雕，也可通过数控机床实现模块化生产（如宜家 32 mm 系统孔）。应用场景覆盖建筑与艺术领域，现代 CLT（cross-laminated timber，正交胶合木）可建造 18 层高楼，而传统榫卯结构赋予家具抗震柔性。舒适性方面，木材导热系数仅 0.1 W/（m·K），冬季触感温润，且能通过吸放湿气调节室内湿度至 40%~60% 人体舒适区间，成为健康家居的理想选择。

然而，木材制品存在天然缺陷与使用限制，需通过技术手段优化。天然属性导致节疤、裂纹等结构弱点，建筑用材需严格分等［如日本 JAS（Japanese agriculture standard，日本有机农业标准）标准］，而湿度变化引发的尺寸变形（实木地板年变形率 2%）制约了稳定性。耐久性面临双重挑战：生物侵害要求热带木构每 10~15 年防腐处理，紫外老化使户外木材 2~3 年表面灰化，需定期涂刷木蜡油维护。工艺成本高昂，窑干 1 m^3 木材耗电 80~120 kWh，占成本 30%，海南黄花梨等稀缺材料价格达 3 万元 / 公斤。安全隐患包括劣质密度板甲醛释放量超标（0.5 mg/m^3，超国标 4 倍）和木粉爆炸风险（下限 40 g/m^3），需配备检测系统保障安全。

2.1.3 主要木工工具

1. 切割类工具

（1）手工锯

如图 2-7 所示，手工锯用于木材的横向切断与纵向分解，常见类型包括框架锯、刀锯、钢丝锯等。框架锯可根据锯条长度分为粗、中、细三种，分别适用于不同厚度的木料。

使用方法：保持锯身与木料垂直，采用均匀力度推拉，避免用力过猛导致卡锯；为减少摩擦，可在锯齿上涂抹蜡或肥皂，提升切割效率；操作时需注意“锯路”（锯齿左右分岔角度），硬木需用大锯路，软木用小锯路。

（2）电圆锯

如图 2-8 所示，电圆锯为电动切割工具，适用于快速裁切木质板材或人造板，厚度一般不超过 60 mm。

使用方法：调整锯片深度至略大于木料厚度，双手握紧手柄，沿标记线平稳推进；切割曲线时需配合导板，保持锯片与木面垂直。

图 2-7 手工锯

图 2-8 电圆锯

2. 刨削类工具

（1）手工刨

如图 2-9 所示，手工刨常用于木材表面刨光、修形，分为中粗刨、细长刨等。中式刨床采用木制刨身与钢制刨刃组合，适合精细加工。

使用方法：刨削时双手均匀施压，顺木纹方向推进，回程需抬起刨身避免损伤木面；粗刨用于初步整平，细刨用于表面抛光，起线刨可加工装饰性线条。

（2）电刨

如图 2-10 所示，电刨为现代高效工具，分短刨（粗加工）和长刨（精细加工），适用于大面积平面处理。

使用方法：启动后先以刨身前端接触木料，逐渐下压至全刨身贴合，匀速推进；调整刨刀深度时需断电操作，避免卡刀。

图 2-9　手工刨

图 2-10　电刨

3. 凿刻类工具

（1）木工凿子

如图 2-11 所示，木工凿子用于凿眼、剔槽，分平凿（方孔）、圆凿（弧形孔）和斜刃凿（修边）。传统凿子需配合木锤使用。

使用方法：左手握凿定位，右手持锤敲击，凿刃需垂直于木面；透孔需从正反两面交替凿削，避免木纤维撕裂。

（2）木锉刀

如图 2-12 所示，木锉刀多用于修整孔眼、棱角，分粗齿（快速去料）和细齿（精细打磨），材质多为高碳钢。

图 2-11　木工凿子

图 2-12　木锉刀及其使用场景

使用方法：顺木纹单向锉削，避免来回摩擦导致毛刺；硬木选用细齿锉，软木可先用粗齿锉初步塑形。

4. 测量与标记工具

（1）墨斗

如图 2-13 所示，墨斗为传统弹线工具，由墨仓、线轮和定针组成，用于长直线标记或垂直校准。

使用方法：拉出墨线后绷直贴于木面，中指轻弹线体即可留下清晰墨迹；配合牛角划子可提升划线精度。

（2）拐尺（角尺）

如图 2-14 所示，拐尺为直角测量工具，用于校验垂直度或绘制榫卯线，分固定拐尺（90°）和活动拐尺（任意角度）。

使用方法：测量时需确保尺柄紧贴木料边缘，尺翼与待测面完全贴合；划线后可用铅笔或划子标记，误差需控制在 0.5 mm 内。

图 2-13　墨斗

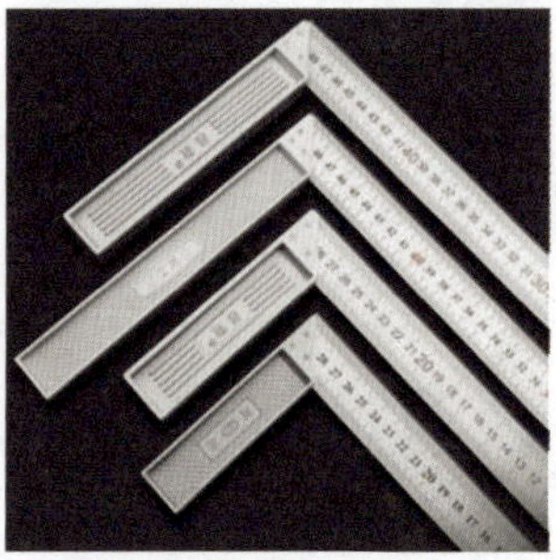
图 2-14　拐尺

5. 电动与气动工具

（1）曲线锯

如图 2-15 所示，曲线锯为电动工具，可切割复杂曲线，适用于木质、塑料及薄金属板材。

使用方法：安装细齿锯片（硬木用密齿，软木用疏齿），沿标记线缓慢推进，避免机身倾斜；切割厚板时需分层操作，防止锯片过热变形。

（2）气动打钉枪

如图 2-16 所示，气动打钉枪通过压缩空气驱动，快速固定板材，常见类型包括 U 形钉枪和直钉枪。

图 2-15　曲线锯

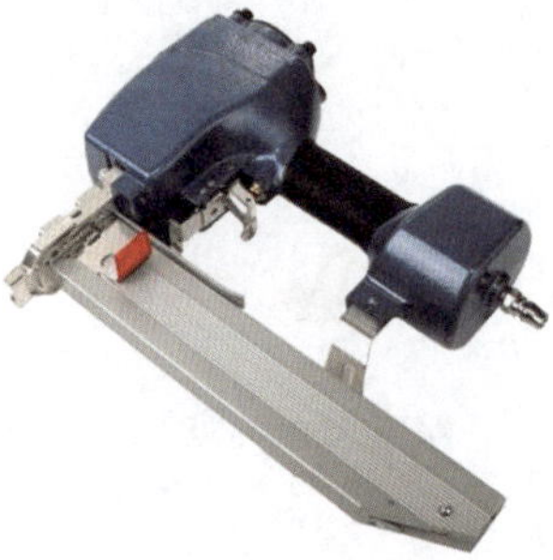
图 2-16　气动打钉枪

使用方法：调整气压至适配钉子长度，枪口垂直抵住木面后扣动扳机；需定期清理气路，防止油污堵塞。

知识链接

东方木构史诗：应县木塔的千年守望

图 2-17 所示为矗立于山西应县佛宫寺内的释迦塔（应县木塔），是中国现存最古老的纯木构楼阁式建筑。这座始建于辽清宁二年（1056 年）的巨构，以 67.31 m 的身姿刺破苍穹，八角形塔身如凝固的时光之书，用约 2 600 t 的红松木书写着中国古建筑的力学密码。全塔无钉无铆，仅凭 54 种精妙斗拱的咬合之力，在千年间抵御 40 余次地震、200 多场战火，与比萨斜塔、埃菲尔铁塔共擎“世界三大奇塔”之誉。

图 2-17　应县木塔

木塔不仅是信仰的容器——塔内供奉的佛牙舍利与栩栩如生的彩塑壁画见证着宗教艺术的辉煌，更是古代匠人智慧的立体宣言。3 000 m^3 木材通过“墙倒屋不塌”的柔性结构理念，创造出刚柔相济的力学奇迹。其暗层结构中纵横交错的梁柱，实为现代“筒中筒结构”的千年先声。这种以柔克刚的营造智慧，令当代结构学家仍为之折服。

保护与危机的时代悖论

这座建筑活化石的传奇，却在近代遭遇“保护性破坏”：20 世纪 30 年代拆除夹泥墙的修缮，如同抽走人体的骨骼，致使塔体如失衡的天平逐年倾斜，二层西南柱现已偏移 56 cm。而数字时代的到来更添新忧——游戏《黑神话：悟空》将其植入虚拟宇宙后，2024 年游客量暴涨 225%，145 万人次的朝圣热潮虽点燃文化热情，却也带来振动荷载、生物侵蚀等隐性威胁，文物保护者不得不直面“热度与破坏力”的生死时速。

未来千年的文明叩问

面对梁架扭曲的“木塔病”，修缮方案在学界争论中踌躇不前：是采用传统工艺“修旧如旧”，还是植入碳纤维等现代科技？这场关乎“东方比萨斜塔”命运的博弈，实则是文明传承的深层诘问——当梁思成先生“护塔即护文明之根”的箴言回响耳畔，人们或许需要更开放的答案：让数字孪生技术分流游客压力，用智能传感器构建预防性保护体系，在传统匠艺与当代科技的交响中，为木塔续写下一个千年传奇。

正如塔檐风铃千年不绝的清音，应县木塔的存续，终将考验着一个民族守护文明基因的智慧与决心。

2.2　木工安全教育

木工实践是培养工程素养的重要环节，但高速旋转工具与木材特性潜藏风险，安全教育须贯穿全程。

- 个人防护为首要准则：操作前务必佩戴护目镜（防飞屑）、防尘口罩（N95 级）、紧袖工装，长发需束起，严禁戴手套使用旋转设备（如台锯、电刨）。
- 工具操作严守规范：启动设备前检查防护装置（如台锯分离刀、电刨限位器），加工小件必须使用推料器，逆纹切割时需降速并分层切削。

- 环境管理不可忽视：保持工坊地面干燥防滑，木屑实时清理（粉尘浓度<1 mg/m³），禁止在操作区存放易燃物。
- 应急处理需熟记：切割伤立即加压止血，木刺顺向拔除并消毒，设备故障立即断电并悬挂警示牌。

通过“安全认知—行为训练—习惯内化”三重路径，让学生将“敬畏规则、守护生命”的意识深植于心，为匠心锻造筑牢安全基石。

2.2.1 安全教育的必要性

1. 行业警示数据：触目惊心的现实

木工行业作为传统手工艺与现代制造业的交汇领域，其安全隐患在全球范围内引发持续关注。根据国际劳工组织（International Labour Organization, ILO）的统计数据，全球木工行业约 30% 的职业伤害事故直接源于操作不当，其中电锯反弹、木料劈裂、设备误触是三大主要诱因。以美国职业安全与健康管理局（Occupational Safety and Health Administration, OSHA）2022 年报告为例，全美木工行业每年发生约 12 万起可记录伤害事件，其中电锯相关事故占比高达 41%，平均每起事故造成 6.8 天误工，直接经济损失超过 3.2 亿美元。

在高校实践教育场景中，安全问题更为突出。教育部 2023 年发布的《高校工坊安全白皮书》显示，本科院校木工实践课程的轻伤事故中，65% 与防护装备缺失直接相关：未佩戴护目镜导致木屑入眼占 38%，徒手操作旋转设备（如台锯、电木铣）引发割伤占 27%。清华大学基础工业训练中心曾对 2015—2022 年事故进行回溯分析，发现 90% 的伤害事件可通过规范安全教育避免，例如某次电刨逆纹操作导致食指截断事故，直接原因是学生未掌握木材纹理识别方法。

2. 木工特有风险：多维度的潜在威胁

（1）机械伤害：高速工具的致命风险

木工机械的动能破坏力远超常人想象。以常见的台锯为例，其锯片转速可达 4 000 r/min，线速度达 120 km/h，一旦发生木料反弹，冲击力相当于被速度为 50 km/h 的汽车撞击。2019 年德国某高校的实验室事故中，一块 30 cm 长的松木板因未使用推料器导致反弹，直接击碎操作者护目镜并造成面部骨折。更危险的是旋转刀具的切割效应：电圆锯的碳化钨齿尖接触人体组织时，可在 0.1 s 内造成深度达骨骼的创伤。

（2）材料特性风险：自然造物的隐秘杀机

木材的生物学特性带来独特安全隐患：

①纹理陷阱：逆纹加工时，木材抗剪强度骤降 70%，极易突发性劈裂。2021 年南京某木艺工坊事故中，学生逆纹刨削红橡木，导致 20 cm 长的木刺飞溅穿透手掌。

②粉尘危害：硬木（如胡桃木、柚木）研磨产生的 $PM_{2.5}$ 粉尘，其浓度超过 5 mg/m³ 时可引发急性呼吸道炎症。国际癌症研究机构（international agency for research on cancer, IARC）已将硬木粉尘列为 I 类致癌物，长期暴露使鼻咽癌风险提升 3 倍。

（3）慢性健康损害：沉默的职场杀手

木工作业环境中的慢性危害往往被忽视：

①听力损伤：电刨（90 dB）、气动钉枪（110 dB）等设备的噪声污染，连续暴露 8 h 即可造成永久性听力阈值偏移。

②肌肉骨骼疾病：持续弯腰刨削作业使腰椎间盘压力达到直立时的 3 倍，加拿大职业健康调查显示，从业 10 年以上的木工中，62% 患有慢性腰肌劳损。

③化学毒害：劣质胶合板释放的甲醛浓度可达 0.5 ppm（超标 4 倍），与木蜡油中的苯系物协同作用，诱发血液系统病变。

3. 教育意义：守护生命与传承技艺的双重使命

（1）职业素养的根基塑造

安全教育的本质是培养“预判风险—规范操作—应急避险”的系统思维。通过模拟电锯反弹实验（使用高速摄像机记录木料飞行轨迹）、粉尘暴露实景体验（佩戴模拟尘肺病呼吸限制装置），使学生建立“安全条件反射”。美国加州艺术学院的研究表明，接受过 200 学时安全训练的学生，其风险评估准确率提升 76%，违规操作率下降 89%。

（2）设备与工艺的可持续保障

规范操作显著延长设备寿命：未校准的台锯使用会导致导轨磨损率增加 300%，而不当保养（如未及时清理电刨刀槽木屑）会使电机过热故障率提升 4 倍。北京林业大学木工坊的实践数据显示，系统化安全教育使设备年维修成本降低 52%，工具损耗率下降 68%。

（3）文化传承的责任担当

木工技艺承载着文明基因，而安全事故可能导致技艺断代。中国故宫博物院古建修缮部实行“安全一票否决制”，任何违反安全规程的工匠禁止接触文物修复，以此守护千年文化遗产。

4. 全球实践启示

德国双元制教育：将安全课程嵌入每个实训单元，学生必须通过 10 类设备的安全操作认证方可进入工坊。

日本 KYT（Kiken Yochi Training，危险预知训练）训练法：通过“危险预知训练”，要求学生在作业前识别四阶段风险（正常→异常→临界→事故）。

MIT（Massachusetts Institute of Technology，麻省理工学院）工坊安全协议：引入 VR（Virtual Reality，虚拟现实技术）技术模拟事故场景，使学生在虚拟环境中体验违规后果，神经学监测显示该方法使安全记忆留存率提升 40%。

木工安全教育绝非简单的规则背诵，而是一场关乎生命价值与文明传承的深刻认知革命。当学生真正理解——台锯防护罩的 0.5 mm 钢板是血肉之躯的最后防线，护目镜的聚碳酸酯镜片承载着光明未来的托付，安全规范便从冰冷的条文升华为匠心的庄严承诺。这种认知转变，正是劳动教育塑造“完整的人”的核心价值所在。

2.2.2 基础安全规范与制度

1. 三级防护体系：构建全方位安全屏障

木工实践中的安全防护需形成“人—机—环”协同体系，通过科学分级降低风险概率。

（1）个人防护：守护身体的第一道防线

个人防护是保障操作人员安全的重要基石，犹如一道坚固防线，将潜在危险有效阻隔。从护目镜到防割手套，从呼吸防护到工装规范，每一项防护装备和要求都关乎生命安全。下面介绍个人防护的具体细节，以及忽视防护可能带来的严重后果。

护目镜：必须符合 ANSI Z87.1 抗冲击标准（可承受 6.35 mm 钢珠以 45 m/s 速度撞击），镜片透光率>89%，防止木屑（飞行速度可达 60 km/h）、金属碎屑穿透。

防割手套：仅限手动工具使用（如凿子、锯子），选用 Dyneema（高强度聚乙烯纤维）纤维材质（抗切割等级 5 级），禁止在旋转设备（如台锯、电木铣）操作时佩戴，避免卷入风险。

呼吸防护：N95 口罩需通过 NIOSH（National Institute for Occupational Safety and Health，美国国家职业安全卫生研究所）认证（过滤效率≥95%），处理硬木粉尘时升级为 P100 半面罩（过滤效率 99.97%）。

工装规范：紧身防静电服（表面电阻率 10^6~10^9 Ω），袖口、裤脚采用松紧带设计，长发者需佩戴防火头套。

案 例：

2022 年某高校木工坊事故中，学生因未扎紧袖口，导致电刨卷入衣袖造成手臂撕裂伤。

（2）设备防护：机械危险的物理隔离

设备防护在保障生产安全中起着举足轻重的作用，通过物理隔离机械危险，为操作人员筑牢安全防线。从台锯到电刨，再到砂光机，每一项防护组件与系统都经过精心设计，有着严格规范。下面介绍这些设备防护措施的具体标准与要求。

①台锯安全组件：

分离刀（riving knife）：厚度 2~3 mm，与锯片间距≤8 mm，防止木料闭合夹锯。

推杆（push stick）：前端设防滑橡胶齿，长度≥30 cm，操作时手部距锯片>15 cm。

②电刨防护系统：前防护罩覆盖刀轴 90% 以上，后防护罩随刨削深度自动调节，刀头暴露量≤3 mm。深度限位装置确保单次刨削量≤2 mm（硬木）或≤3 mm（软木）。

③砂光机急停：红色蘑菇头按钮置于设备侧面 30 cm 高度处，每周进行功能测试（响应时间<0.5 s）。

④标准依据：OSHA 1910.213（木工机械防护）、GB 12557—2010（木工机床　安全通则）。

（3）环境防护：空间安全的系统性管控

环境防护作为空间安全系统性管控的关键环节，涵盖诸多细致且关键的要素。地面防滑、粉尘控制、光照温控等方面，每一项都紧密关联着工作空间内人员的安全与健康，以及生产作业的稳定有序。下面介绍这些环境防护措施的具体要求与重要意义。

地面防滑处理：采用聚氨酯防滑涂层（摩擦系数≥0.6），工坊通道宽度>1.2 m，紧急逃生路径标识荧光绿。

粉尘控制系统：中央集尘装置风量≥3 500 m³/h，支管风速>20 m/s，确保 PM2.5 浓度<1 mg/m³（GBZ 2.1 标准）。每台设备设局部抽风罩，罩口风速≥0.5 m/s，吸尘效率>90%。

光照与温控：工作台面照度≥500 lx（精细作业区≥750 lx），使用防爆 LED（light-emitting diode，发光二极管）灯具。

温湿度控制：冬季>16 ℃，夏季<28 ℃，相对湿度 40%~60%。

2. 操作铁律：不可逾越的生命红线

（1）设备启停规范

设备启停规范是保障设备安全运行、操作人员人身安全的重要准则。明确设备完全停止标准以及小型工件操作要求，能有效避免因不当操作引发的安全事故。下面介绍这些规范的具体内容与执行要点，以此强化安全操作意识。

完全停止标准：台锯锯片停转时间≤10 s（惯性保护装置强制制动），电刨刀轴停转前严禁触碰，需使用非接触式转速检测仪确认。

小型工件操作：长度<30 cm 的加工件必须使用磁性推料器（吸附力>5 N），禁止徒手推送。

（2）重型设备监护制度

重型设备因其功率大、风险高，在操作过程中需格外谨慎，监护制度至关重要。带锯作为重型设备中的典型代表，其运行状态复杂且潜在危险多，稍有不慎就可能引发严重事故。因此，以带锯操作为例，来详细阐述重型设备监护制度的具体要求。

带锯操作规范：

双人作业制：主操作手控制进料，监护员监控锯条张力（15~20 kN/m^2）与轨迹偏移。

紧急制动演练：每学期进行三次模拟卡料应急处置，要求 10 s 内完成断电—退料—报告流程。

案　例：

MIT 工坊规定，操作 36 英寸带锯需持三级安全认证，并通过 VR 模拟考核。

（3）能量隔离原则

设备维护时执行“上锁挂牌”：关闭电源→悬挂警示牌→个人锁具固定→测试能量残余（如气动设备泄压）。电动工具每日使用前进行绝缘测试（绝缘电阻>2 MΩ）。

3. 6S 管理制度：从现场到素养的进化

6S 管理制度是一种起源于日本的高效管理方法，通过六个以“S”开头的项目（整理、整顿、清扫、清洁、素养、安全）实现工作环境的优化、效率提升和安全保障。其核心内容如下。

（1）整理（seiri）——工具分类革命

为有效管理设备与工具，提高工作效率并保障操作安全，需建立“三区四定”体系。其中，“三区”依据使用频率进行划分，分别为常用区（日使用率>80%）、备用区（周使用率20%~80%）以及封存区（月使用率<20%）。这种划分方式便于快速定位所需物品，减少寻找时间。

“四定”即定品、定位、定量、定容。定品要求明确每个位置所存放物品的种类；定位是确定物品的固定存放位置；定量为规定每个位置存放物品的数量；定容则是确定物品存放的容器规格。例如，凿子需按尺寸分类，整齐存放于弹性插槽工具板，这样既方便取用，又能避免工具混乱或丢失。通过实施“三区四定”体系，能够使工具和设备的管理更加科学、规范、高效。

（2）整顿（seiton）——空间效率优化

为进一步提升工作效率与作业安全性，在物品管理方面需严格落实两项重要标准。其一，实施“30 秒取用”标准。手动工具需整齐悬挂于 Shadow Board（工具轮廓标识板），通过清晰的轮廓标识，操作人员能在极短时间内准确找到所需工具；电动设备则依据使用频率进行辐射状布局，常用设备置于更易触及的位置，确保在 30 s 内可快速取用。其二，材料堆垛严格执行“三离原则”。材料在堆放时，必须保证离地高度大于 15 cm，以防止地面湿气侵蚀和便于清洁打扫；离墙距离大于 50 cm，避免墙体潮湿对材料造成损害，同时保证通风良好；堆高不超过 1.5 m，防止材料堆放过高发生坍塌事故。遵循这些标准，能够有效保障作业现场的有序与安全。

（3）清扫（seiso）——深度清洁标准

为营造安全、整洁的作业环境，确保设备稳定运行并降低火灾等安全隐患，需严格执行每日“15 min 清场”制度。在清场过程中，操作人员应使用风压大于 18 kPa 的防爆吸尘器，全面清理作业现场产生的木屑，尤其要重点清理台锯集尘槽、电刨刀槽等易积聚木屑的区域，避免木屑堆积引发危险。

此外，为防止设备表面油污黏附粉尘进而引发火灾，每周需安排专门时间，使用工业酒精仔细擦拭设备表面，去除油污，保持设备清洁。通过每日的清场和每周的设备清洁维护，能够有效提升作业现场的安全性，延长设备使用寿命。

（4）清洁（seiketsu）——环境健康管理

在作业环境中，微生物与空气质量的管理对于保障人员健康和作业安全至关重要。在微生物控制方面，需每月定期对工具手柄进行消毒处理，使用季铵盐类消毒剂，此类消毒剂能有效杀灭微生物，确保杀灭率>99.9%，防止微生物滋生与传播。空气质量管理同样不容忽视。应安装实时粉尘监测屏，该监测屏可实时显示空气中的粉尘浓度。一旦粉尘浓度超标，系统将自动启动增压新风系统，及时置换室内空气，降低粉尘浓度，从而维持良好的空气质量，为作业人员创造一个健康、安全的工作环境。

（5）素养（shitsuke）——安全文化培育

为强化作业人员的安全意识，营造良好的安全作业氛围，我们推行“安全行为积分制”。这一制度从正向激励与反向约束两方面着手，全面促进安全行为落实。

在正向激励方面，对于规范操作行为，如正确使用推杆等符合安全要求的举动，每次给予 +2 分的积分奖励；若员工主动发现并上报安全隐患，则给予 +5 分的积分奖励。这些积分并非虚设，员工可使用累计积分兑换高级工具使用权限，以此激发员工主动遵守安全规范、积极排查隐患的积极性。

在反向约束方面，制度设有明确的违规惩处措施。若员工累计违规达到三次，必须重新修读安全课程，通过系统学习加深对安全知识的理解与掌握。并且，还需通过专业心理评估，确保其从思想认识上真正重视安全，经评估合格后方可返岗作业。通过这种奖惩分明的机制，引导员工自觉践行安全行为，保障作业安全。

（6）安全（safety）——风险闭环管控

为构建全方位、多层次的安全保障体系，及时发现并消除潜在安全隐患，实施“三级隐患排查”制度。

首先是日常巡检，该环节由学生轮值负责。学生需对作业现场的10类高风险点进行细致检查，例如，台锯分离刀的完整性。这一检查工作能够及时发现设备在日常使用过程中出现的表面问题或轻微损坏，做到隐患早发现、早处理，保障日常作业的基本安全。

其次是专业周检，由技术员承担此项重要任务。技术员凭借专业技能，运用超声波探伤仪等精密仪器，对设备内部损耗情况进行检测。相较于日常巡检，专业周检更注重设备深层次的健康状况，能够精准发现设备内部可能存在的隐患，提前预防因设备内部故障引发的安全事故。

最后是季度审计，由第三方专业机构执行。第三方机构依据ISO 45001标准，对作业现场的安全管理体系进行系统评估。这种外部评估能够从更宏观、更专业的角度审视整个作业环境的安全状况，发现内部检查可能忽略的问题，为持续改进安全管理提供科学依据。通过“三级隐患排查”制度的实施，可有效提升作业场所的安全水平。

2.2.3 工具设备安全操作详解

工具设备安全操作详解详见表2-1。

表2-1 工具设备安全操作详解

工具类型	关键风险	安全操作要点
台锯	木料反弹、切手风险	使用推杆顶紧木料，身体侧立不跨锯片，逆纹禁止切割
电刨	刀头卡料、逆纹跳刀	顺纹单向推进，分层切削（单次刨削深度≤2 mm）
曲线锯	锯片断裂、轨迹偏移	双手握持，切割曲线时转速调至中低速（≤3 000 r/min）
气动打钉枪	误触发、钉子反弹	枪口垂直抵住木面，非操作时关闭气阀并卸压
手工凿子	滑脱伤手、木屑飞溅	凿刃朝向身体外侧，敲击前确认握凿稳固

2.2.4 安全隐患场景化训练

1. 典型事故模拟：真实场景下的应激训练

（1）木料卡锯应急处置

木料卡锯是木工操作中较为常见且危险的突发状况，若处理不当，极易引发严重安全事故，对操作人员的人身安全构成威胁。因此，掌握科学有效的应急处置方法至关重要。接下来，我们将通过仿真设备与规范操作流程，详细介绍木料卡锯的应急处置要点。

仿真设备：采用特制训练台锯（锯片替换为尼龙材质），内置压力传感器与计时系统。

操作流程：触发卡料（模拟木纤维突然夹紧锯片）→左手拍击急停按钮（响应时间<0.3 s）→右手使用退料钩反向拉出木料（力度控制在20~50 N）。全程计时，10 s内完成得满分，超时触发声光报警。

数据支持：美国OSHA研究表明，经过10次以上模拟训练的学员，应急操作正确率从37%提升至92%。

（2）粉尘入眼紧急处理

在木工等作业场景中，粉尘入眼的情况时有发生，这看似不起眼的小意外，却可能给眼睛带来严重伤害，如角膜擦伤、感染发炎等，严重影响视力健康。所以，掌握正确的粉尘入眼紧急处理方法刻不容缓。下面将通过训练装置与规范流程为大家详细介绍。

训练装置：佩戴特制护目镜（内置微型喷雾器），模拟木屑飞溅场景。

规范流程：立即闭眼→单手撑开眼睑→用洗眼器冲洗 15 min（水流温度 35 ℃±2 ℃）→使用荧光素染色检测冲洗效果。

错误纠正：系统自动识别揉眼动作并震动警示，同时扣减考核分数。

医学依据：揉眼会导致异物嵌入角膜，正确冲洗可降低感染风险 86%（《眼外伤急救指南》）。

2. 人体工学矫正：从姿势到习惯的系统重塑

（1）错误姿势危害量化

在各类作业场景中，操作姿势的正确与否对作业人员的身体健康有着深远影响。错误姿势看似只是微小的不良习惯，实则暗藏巨大危害，它不仅影响工作效率，更会悄无声息地对我们的身体造成损伤。接下来将通过具体数据，量化呈现几种常见错误姿势带来的危害。

弯腰锯切：腰椎间盘压力从直立时的 0.5 MPa 升至 2.1 MPa（超过安全阈值 1.5 MPa），连续作业 20 min 即可引发急性损伤。

单侧持工具：手持电刨作业时，肱二头肌静态负荷达最大肌力的 30%，持续 1 h 将导致肌纤维微撕裂。

（2）正确姿势标准化训练

鉴于错误姿势会给身体带来诸多不可忽视的危害，掌握正确姿势并进行标准化训练就显得尤为关键。正确的作业姿势不仅能提升工作时的舒适度，还能有效预防职业损伤，保障作业人员的身体健康与工作效率。下面为大家详细介绍两种正确姿势的标准化训练要点。

马步站位法：双脚间距>肩宽 1.5 倍，膝关节弯曲 110°，重心落于足弓，配合抗疲劳地垫［硬度 60~70 Shore A（肖氏硬度 A 级）］使用。

视线同向原则：工具移动方向与目光呈 ±15° 夹角，颈部扭转角<25°，可通过激光投影辅助校准。

2.2.5 应急处理与事故预案

在作业环境中，意外情况随时可能发生，科学规范的应急流程与完善的消防预案是保障人员生命安全、减少财产损失的关键防线。四阶应急流程与消防专项预案相辅相成，共同构建起应对各类突发状况的严密体系。

1. 四阶应急流程：科学处置的生命防线

当意外伤害或事故突然降临，及时有效的应急处理是降低危害程度的关键。四阶应急流程为应对各类突发状况提供了清晰、科学的操作指引，从立即处理到复盘改进，每一步都紧密相连、环环相扣，为人员安全筑牢防线。

（1）立即处理

在意外发生后的第一时间采取正确处理措施，对于减轻伤害程度、避免伤情恶化起着至关重要的作用。每分每秒都关乎着伤者的健康与安全，容不得半点马虎。正确且迅速的“立即处理”能为后续治疗争取宝贵时间，接下来将详细介绍切割伤与木刺扎伤的具体处理方法。

切割伤处理：在作业过程中，切割伤是较为常见的意外伤害。一旦发生切割伤，应立即使用弹性绷带实施持续加压止血，加压压力需大于 200 mmHg。在此过程中，务必避免使用止血带，以防远端组织因长时间缺血而坏死。同时，要参照《创伤急救指南》，严格控制加压时间，不超过 15 min。此外，还需将伤肢抬高至心脏水平以上，以减少血液流向伤口，进一步帮助止血。

案例警示

2021 年某高校木工坊事故中，学生因错误使用橡皮管止血带导致前臂缺血性肌挛缩。

木刺扎伤处理：木刺扎伤也是作业中可能遇到的伤害类型。处理木刺扎伤时，应顺刺入方向缓慢拔除异物，避免用力过猛导致异物折断在体内。拔除异物后，需使用 4% 碘伏溶液对伤口进行环形消毒，消毒直径需大于 5 cm，以确保彻底杀灭伤口周围的细菌。对于深度刺伤，由于存在感染破伤风的风险，因此需及时注射破伤风抗毒素（TAT）。同时，要禁用民间偏方，如用嘴吸吮伤口等，这些不当处理方法可能会导致细菌感染风险增加三倍，给伤者带来更大的伤害。

（2）上报流程

在完成对意外伤害的初步处理后，及时、准确地上报事故情况是确保伤者得到后续妥善治疗，以及预防类似事故再次发生的关键环节。规范的上报流程能够使相关部门迅速了解事故详情，采取相应的应对措施。下面将详细介绍轻微事故和严重事故的不同上报流程。

轻微事故（创可贴可处理）：对于轻微事故，即那些仅需创可贴等简单处理即可的伤害，现场教师应首先对伤者情况进行初步评估。在确认伤者无大碍后，教师需认真填写《事故登记表》，详细记录事故发生的时间、所涉及的工具、具体的操作步骤等要素。这些记录将为后续的安全改进提供重要依据，有助于分析事故原因，完善安全措施。

严重事故（出血、骨折等）：当发生严重事故，如出血、骨折等，情况则更为紧迫。此时应立即触发“5 min 上报机制“，通过工坊内设置的紧急呼叫按钮，直接与安保处取得联系。同时，启动医疗绿色通道，确保校医院能够在 10 min 内迅速到场，为伤者提供及时的医疗救治。这一流程的严格执行，能够最大限度地保障伤者的生命安全。

（3）设备处置

在事故处理过程中，对涉事设备的妥善处置至关重要，这既是保障现场安全、防止二次伤害的必要举措，也是后续事故调查与分析的重要前提。通过规范化的设备处置流程，能够最大限度地保留事故现场原始状态，为深入剖析事故原因提供可靠依据。下面将详细介绍设备处置中的两个关键环节。

断电隔离：进行设备处置时，首要步骤是断电隔离。操作人员应立即关闭设备总电源，并严格按照上锁挂牌程序执行，确保设备处于完全断电且无法被意外启动的安全状态。同时，在设备醒目位置悬挂红底白字的“故障停用”标牌，清晰标注停机时间与责任人，以便相关人员了解设备状态。

现场保护：在确保设备断电隔离后，需对事故现场进行保护。使用警戒线划定 3 m 隔离区，严格禁止无关人员进入或移动设备部件，如锯片、木料等，以免破坏事故现场或造成二次伤害。等待专业技术人员使用工业内窥镜等设备，对机械内部损伤进行细致检查，为后续事故分析提供准确数据。

（4）复盘改进

事故处理并非终点，通过系统性复盘实现持续改进才是提升安全水平的根本途径。复盘改进环节聚焦事故根源剖析与防范体系升级，通过快速响应机制与标准化改进流程，将经验教训转化为可落地的安全举措，形成“事故预防—应急处置—持续改进”的闭环管理体系。以下介绍复盘改进的两个核心模块。

24 h 分析会：事故发生后 24 h 内，必须组织由技术员、安全员及操作人员参与的分析会。会议采用“5Why 分析法“层层追溯事故根源。例如某电锯反弹事故经五次追问发现，直接原因为锯片护罩松动，而深层诱因是木材含水率超标（实测 18%，标准值≤12%）导致木料变形卡滞。这种分析方法可穿透表象问题，锁定系统性风险点。

规范升级：基于分析结论，需在 72 h 内完成 SOP 修订与技术改造。典型措施包括：根据木材特性增设台锯激光定位线（定位精度 ±0.5 mm），降低人为操作偏差；在关键设备加装红外感应急停装置（反应时间 0.1 s，优于国标 0.2 s 要求）。某工坊通过此类升级，使同类事故重复发生率下降 83%，设备本质安全水平显著提升。

2. 消防专项预案：烈火中的生存法则

火灾是作业场所中极具破坏力的安全隐患，一旦发生，后果不堪设想。消防专项预案正是针对火灾这一重大风险制定的全面应对策略，从对火灾风险特性的认知，到消防设施的合理配置，再到严格的消防演练标准与特殊场景处置方法，全方位保障作业场所的消防安全。

（1）风险特性认知

燃烧特性：木材作为各向异性材料，其燃烧过程呈现典型的三阶段特征：预热阶段（温度升至 100~150 ℃ 时水分蒸发）、热解阶段（200~270 ℃ 纤维素分解）和燃烧阶段（290 ℃ 以上出现明火）。实验数据显示，标准板材的热释放速率峰值可达 250 kW/m^2，火焰沿纹理方向传播速度达 1.3 m/min，垂直纹理方向则因导管结构差异衰减 30%。这种各向异性燃烧特性要求灭火时优先阻断主蔓延方向。

粉尘爆炸：木粉悬浮于空气形成可爆云团时，其爆炸下限低至 40 g/m^3（相当于工坊 3 mm 积尘厚度）。粉尘爆炸具有五要素特征：可燃物（粒径＜400 目时表面积激增）、助燃物（氧气浓度＞12%）、点火源（最小 10 mJ 能量，静电放电即可触发）、扩散状态（浓度梯度 10~20 g/m^3 最危险）和密闭空间（体积＞0.1 m^3 时压力叠加效应显著）。某木业公司粉尘爆炸事故表明，积尘厚度每增加 1 mm，爆炸冲击波超压提升 15%。

（2）消防设施配置

基于木材加工场所的双重火灾风险特性，需构建“预防—控制—抑制”三位一体的消防设施体系。通过科学配置灭火装备、阻燃器材和智能监测设备，形成从初期扑救到火势控制的完整防御链。以下详述核心消防设施的技术要求与配置规范。

① ABC（ammonium phosphate powder fire extinguisher，磷酸铵盐干粉灭火器）灭火器：作为木材加工场所的主力灭火装备，ABC 干粉灭火器需按每 20 m^2 面积配置 1 具 4 kg 装规格。设备维护需满足三项核心指标：压力表指针应稳定在绿区（1.2~1.5 MPa），每月称重检查净重误差需控制在 ±5% 以内，年检时喷射性能测试需达 3 m 有效射程。某木业园区实践表明，规范配置使初期火灾扑救成功率提升至 92%。

②防火毯：针对小型火源或人体着火场景，需配置玻璃纤维材质防火毯（厚度≥1 mm，尺寸 1.2 m × 1.8 m）。操作要领强调“三步覆盖法”：完全包裹火源后持续按压边缘 30 s，利用毯体碳化层阻断氧气供给。测试数据显示，符合标准规范的防火毯可使木材阴燃复燃率降低 87%。

③智能烟感系统：现代木工坊应部署双光谱火焰探测器（响应时间<3 s），其红外紫外复合探测技术可穿透 0.5 mm 木屑烟雾层。系统需与自动喷淋装置形成联动，喷水强度按 6 L/min · m^2 设计，确保在火情发展初期（热辐射强度<10 kW/m^2）实施精准抑制。某高校实训基地应用案例显示，该系统使火灾响应时间缩短至 45 s 内。

（3）消防演练标准

构建完备的消防设施体系后，需要通过系统化演练验证装备效能、检验人员技能，最终形成肌肉记忆式的应急反应能力。消防演练标准涵盖初期处置、人员疏散、效果评估三个核心模块，通过场景化训练与数字化考核，确保每位参与者都能熟练掌握灭火救援与逃生自救技能。下面将分述各环节技术要点。

①初期火灾扑灭：初期火灾扑灭是控制火势蔓延的关键窗口期。演练要求参与者在 30 s 内完成灭火器“提—拔—握—压”四步操作，其中：提瓶时保持垂直状态，拔销动作需彻底解除保险，握管时瞄准火源根部，压把时保持匀速扫射。喷射效果需确保干粉覆盖燃烧面超过 60% 面积，通过热成像仪实时监测火场温度变化，验证灭火效能。

②疏散逃生：疏散逃生演练需模拟真实浓烟环境，使用无害烟雾剂制造能见度低于 1 m 的障碍条件。参与者需实践“低姿捂鼻“撤离法：弯腰至 1 m 以下高度，湿毛巾折叠八层捂住口鼻，沿安全出口指示灯带行进。在 200 m^2 标准工坊场景中，要求全员疏散时间不超过 90 s，通过红外人员定位系统监测疏散路径选择合理性。

③季度考核：季度考核采用 VR 消防模拟训练系统，构建包含 12 类典型火情的虚拟场景。考核指标包含两项核心参数：灭火器操作精度需达到喷射集中度>80%（通过激光定位追踪喷射轨迹），逃生路线熟悉度要求在无提示状态下 30 s 内找到最近安全出口。某企业应用数据显示，经过四个季度强化训练，员工综合消防技能达标率从 65% 提升至 98%。

（4）特殊场景处置

木材加工场所的消防安全需重点关注两类特殊风险场景：电气火灾与粉尘爆炸。前者因设备过载或线路老化引发，具有突发性强、蔓延迅速的特点；后者则因粉尘云达到爆炸极限而产生，具有破坏力大、连锁反应多的特性。以下针对两类场景制定专项处置规范。

电气火灾：处置电气火灾时，首要原则是立即切断总电源，防止触电事故与火势沿线路蔓延。灭火剂应选用二氧化碳灭火器，禁止使用水基灭火器或泡沫灭火器。操作人员需保持 1.5 m 以上安全距离，采用“点射—扫射—覆盖”三步法：先对火源根部点射降温，再横向扫射阻断蔓延路径，最后垂直覆盖形成隔绝层。某家具厂案例显示，规范操作可使电气火灾扑救时间缩短至 2 min 内。

粉尘爆炸预防：粉尘爆炸预防需构建“日清—周检—月测”维护体系：每日清理集尘系统，确保管道内壁残余粉尘厚度<0.8 mm；每周检测设备接地电阻，要求电阻<4 Ω 以消除静电积聚；每月监测环境湿度，当湿度<60% 时启动超声波加湿装置，使空气相对湿度维持在 60%~70% 区间。某木业公司实践表明，该体系可使粉尘爆炸风险降低 90%。

知识拓展：

木工安全三字经

长发束，袖扣紧，护目戴，站位稳；
查设备，验材料，禁嬉闹，心要专；
逆纹停，顺纹进，意外生，急断电。

2.3 任务安排

在全面落实安全规范的基础上，木工实践课程正式进入任务实施阶段。本节教学围绕“木工劳动作品”的创作要求、“木工劳动任务书”的规范指引及“木工材料准备”的技术要点三大核心模块展开，以便携式折叠凳为载体，系统阐释作品功能标准、工艺规范及材料科学，为后续的实操环节构建完整的知识框架。特别强调在技术达标的基础上，深化对“材性、工法、器用”三位一体理念的认知，培养工匠精神与系统思维。

1. 木工劳动作品

（1）作品名称：便携式折叠凳

便携式折叠凳是人们生活中常见的生活用品。如图 2-18 所示，当它撑开时便是一张小凳子，折叠收拢后像一本相册，体积小，便于携带。由于凳子使用时必须牢固安全，所以应采用质地较坚硬的实木为制作材料。

图 2-18　便携式折叠凳

（2）作品要求

①展开尺寸：凳面高度≥35 cm，展开后凳面尺寸≥25 cm × 20 cm，符合人体工学坐姿需求。

②折叠后尺寸：折叠后体积≤15 cm × 25 cm × 3 cm（厚度方向误差 ±1 mm），可放入标准背包侧袋。

③静载测试：加载 70 kg 重物（模拟成人坐姿）5 min，结构无变形、异响。

④动载测试：10 kg 冲击载荷（30 cm 高度自由落体）三次，连接处无松动。

⑤稳定性：四脚离地间隙≤2 mm（使用塞尺检测），倾斜 15° 时无侧翻风险。

⑥木材选择：主体材料应为榉木（Janka 硬度为 1 450 lbf）或白蜡木（Janka 硬度为 1 320 lbf），纹理通直，无死节、裂纹。且应采用微波干燥技术，保持木材含水率≤12%（误差 ±0.5%）。

⑦关键部件规格：凳面厚度≥15 mm，双层面板正交胶合（抗弯强度≥80 MPa）。横档截面尺寸 20 mm × 30 mm，长度公差 ±0.3 mm，确保装配精度。

（3）工艺标准

①沉孔配合公差：ϕ8 孔与 M4 螺栓间隙≤0.1 mm，盲孔深度误差 ±0.2 mm。

②螺栓预紧力：使用扭矩扳手控制为 0.8~1.2 N · m，配合弹垫防松。

③折叠机构：圆木棒（ϕ15 mm）与托档盲孔胶合强度≥5 MPa（环氧树脂胶固化检测）。

④粗磨：80 目砂纸去除加工痕迹；精磨：400 目→600 目阶梯式抛光。

⑤验收标准：表面粗糙度 $Ra \leqslant 3.2$ μm（触感如肤，无毛刺）。

⑥木蜡油涂布量：15~20 g/m^2，棉布顺纹单向擦拭，光泽度（60° 角）控制在 5-10GU（GlossUnit，国际通用的光泽度单位）。

⑦防开裂处理：木蜡油渗透深度≥0.5 mm，边缘倒圆 R=1 mm。

（4）创新性（选做）

在便携式折叠凳制作中，鼓励学生融入创新元素，通过结构改良、材料创新或智能附加等，打造兼具实用性与个性化的作品。以下为可考虑选用的创新方案。

①磁吸锁扣设计：采用钕铁硼磁铁（N35 级，尺寸 ϕ10 mm × 3 mm），磁吸力≥3 kg，确保折叠状态紧密闭合。磁铁嵌入时，凳面内侧开槽（深 2 mm），环氧树脂固定，表面包覆木皮隐藏。

②隐藏式提手：提手槽位置应在横向档内侧，开口尺寸 15 mm × 60 mm，边缘 45° 倒角防割手。提手带材质可选用尼龙织带（宽 20 mm，抗拉强度≥500 kg），可拆卸更换。

③环保与可持续性：报废凳体可拆解回收，硬木部件经打磨后用于文创小件制作（如书签、杯垫）。

2. 木工劳动任务目标

木工劳动任务目标详见表 2-2。

表 2-2　木工劳动任务书

学习情景	木　工		
具体任务	知识点	技能点	教学案例
	（1）木工的基本常识 （2）便携式折叠凳的制作步骤与方法	便携式折叠凳的制作技巧	便携式折叠凳的制作
任务要求	（1）劳动要求：学生能够正确选择和使用工具材料，完成便携式折叠凳的制作，积极拓宽劳动思路，进行创新思考，提高是欧工劳动能力，培养生产劳动习惯 （2）安全要求：学生所使用工具需由指导老师协助指导，保证安全 （3）操作要求：学生需掌握便携式折叠凳的制作方法，养成认真细致、踏实耐心、不怕烦琐的劳动习惯，同时保持教室卫生和个人作品的整洁		

3. 木工材料准备

课前，应准备的木工材料详见表 2-3。

表 2-3　木工材料清单

类　别	名　称	规　格	数　量	用　途	要　求
套件	榉木板材	20 mm × 100 mm × 1 200 mm	2 根	凳面主体，提供承重支撑	含水率≤12%（需用针式水分仪检测），避免后期变形。无节疤、裂纹，纹理通直，双面刨光至平整度误差≤0.3 mm
	白蜡木方料	20 mm × 30 mm × 600 mm	4 根	横档、托档等结构部件，确保框架强度	抗弯强度≥80 MPa，端面需铣平（垂直度偏差≤1°）。表面粗刨处理，保留后续精加工余量 0.5 mm
	硬木圆棒	ϕ15 mm × 200 mm	1 根	折叠轴，实现凳体开合功能	预干燥至含水率≤10%，防止收缩导致配合松动。表面车削光滑（粗糙度 $Ra \leqslant 6.3$ μm），两端倒圆角 R=1 mm
	M4 螺栓 / 螺母	304 不锈钢材质，长度 25 mm	8 套（16 个）	作为撑架与托档的铰接固定	螺纹精度 6 g 级，配合扭矩扳手预紧（0.8~1.2 N · m）。表面钝化处理，防锈防腐蚀

续上表

类别	名称	规格	数量	用途	要求
工具	木工胶	PU 树脂胶	50 g	圆木棒与托档盲孔的永久固定	固化时间≤2 h（25 ℃环境），抗剪强度≥8 MPa。操作时需佩戴丁腈手套，保持通风
	木蜡油	天然植物基	100 mL	表面防腐、防水及美化	表干时间≤6 h，实干时间≤24 h（湿度50%）。涂布前需过滤杂质，顺木纹薄涂两遍
	拐尺		1个	测量尺寸与画线	
	圆规		1个	测量尺寸与画线	
	十字螺丝刀		1把	固定螺栓螺母	
	木锉刀		1把	锉掉木材多余部分及表面毛刺	
	手工拉花锯		1把	锯掉多余木材	
	小手锯		1把	锯掉多余木材	
	沉孔钻	ϕ4 mm × 8 mm	1台	开孔	
	开孔钻	ϕ15 mm	1台	开孔	
	铅笔、橡皮		1套	画线	学生自备
	砂纸	240 目、400 目、600 目	1套	打磨掉木材毛刺	
设备	造木微工厂		1台		
	平压刨一体机		1台	将木材刨削加工平整	
	台锯		1台	裁断木材	

2.4 任务实施

在明确便携式折叠凳的制作要求、工艺标准及材料准备后，任务实施阶段成为将理论转化为实践的关键环节。本阶段将严格按照设计图纸与工艺规范，依次进行材料切割、部件修圆、组装调试及表面处理等步骤。实施过程中，需特别注意保留基准线以确保加工精度，采取防撕裂措施保护材料完整性，并遵循手工锉削操作流程以保证部件平滑。此外，安装与调整环节需确保凳架稳固，最终通过打磨与涂饰木蜡油提升凳子质感与耐用性。

2.4.1 便携式折叠凳零件图纸

1. 托档

如图 2-19 所示，托档共包括四根，图中各个特征及对应的标注需要在加工之前画线（标注）到手中的木材上，画线前应提前在木材上标注清楚名称托档一、托档二、托档三、托档四，以防后续加工装配时区分错误。同时，需要在托档侧面标注“L”（左）和“R”（右），确保对称部件装配时方向正确（如沉孔位置需左右对应）。

此外，例如托档一图纸中红色字体标注的那样，按照从左到右，从上到下的顺序，工具三视图分别为：

主视图（正试图）：从工具正前方投影，展示部件长度与高度方向的结构（如沉孔分布、横档连接位置）。

左视图（侧视图）：从工具左侧投影，显示宽度与高度方向的结构（如托档厚度、沉孔深度）。

俯视图（顶视图）：从工具上方投影，呈现长度与宽度方向的结构（如撑架布局、凳面安装点）。

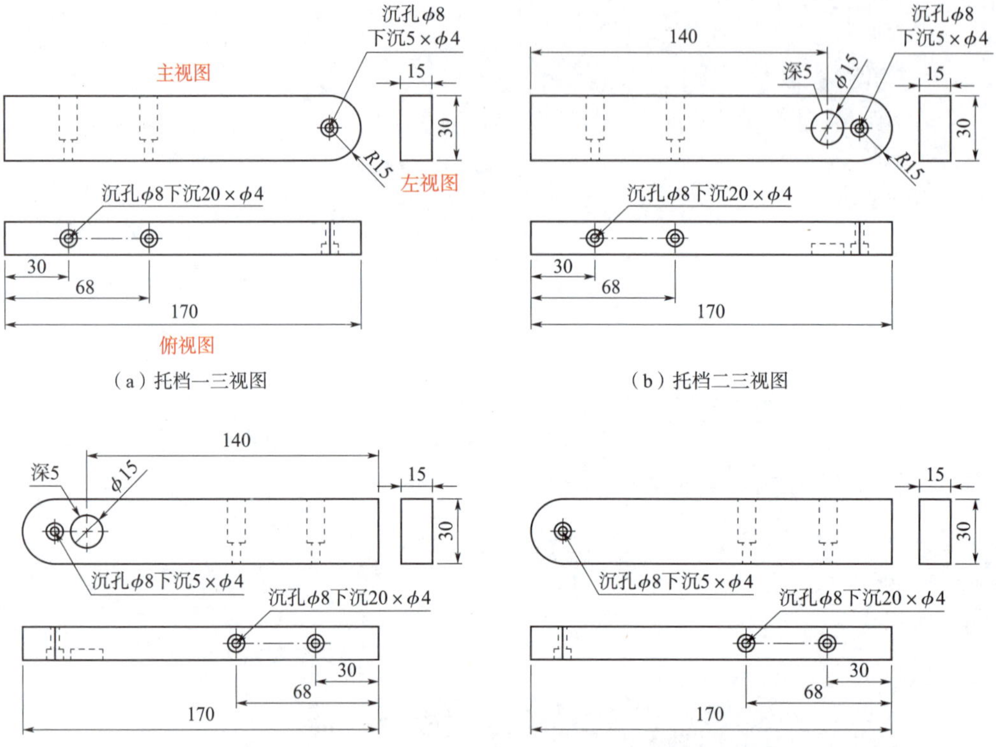

（a）托档一三视图　（b）托档二三视图

（c）托档三三视图　（d）托档四三视图

图 2-19　托档三视图（单位：mm）

并且，沉孔 ϕ8 下沉 5×ϕ4 意思是：在木材上加工一个直径为 8 mm、深度为 5 mm 的沉孔，用于隐藏 M4 螺栓头（螺栓头直径 7.5 mm）。底部再钻一个直径为 4 mm 的通孔，匹配 M4 螺栓杆（实际直径 3.8~4 mm），用于隐藏螺栓头并确保连接件表面平整。

其他部件的图纸的标注及识图方法与此类似。

2. 横档

如图 2-20 所示，横档包含横档一、横档二。图中各个特征及对应的标注需要在加工之前画线（标注）到手中的木材上，画线前应提前在木材上标注清楚名称横档一、横档二，以防后续加工装配时区分错误。

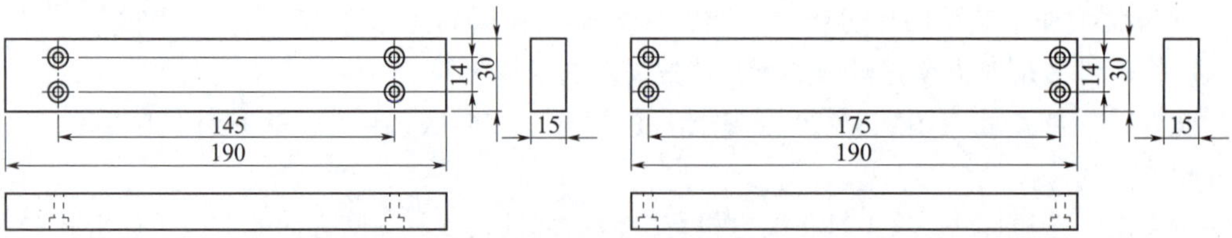

（a）横档一三视图　（b）横档二三视图

图 2-20　横档三视图（单位：mm）

3. 撑架

如图 2-21 所示，撑架包含四根，但是这四根的图纸相同，因此合并到一张图纸中展示，图中各个特征及对应的标注需要在加工之前画线（标注）到手中的木材上。

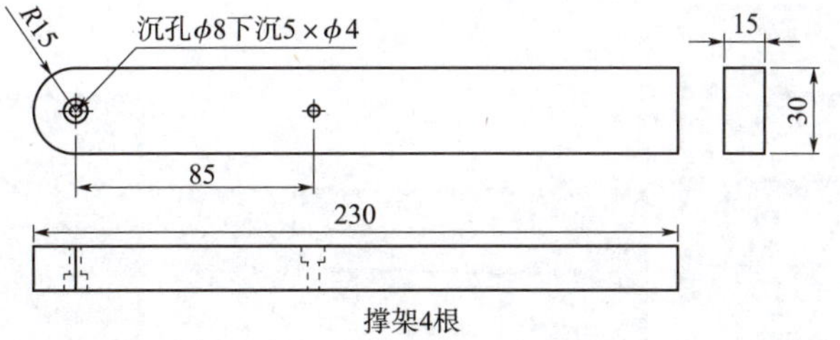

图 2-21 撑架三视图（单位：mm）

4. 圆木棒

如图 2-22 所示，圆木棒包含一根，用于连接其他各部位。

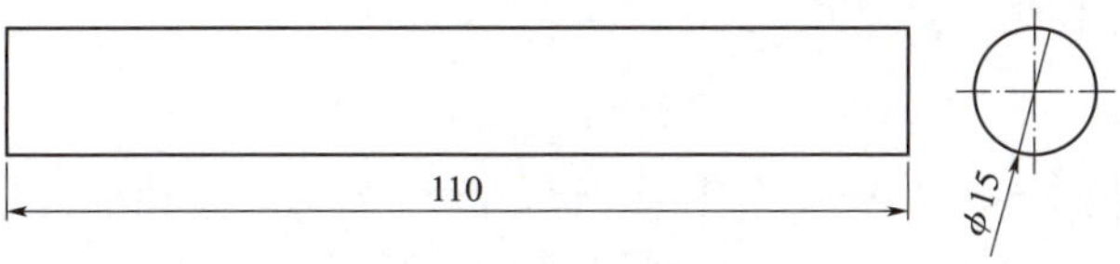

图 2-22 圆木棒（单位：mm）

5. 凳面

如图 2-23 所示，凳面包含两块。

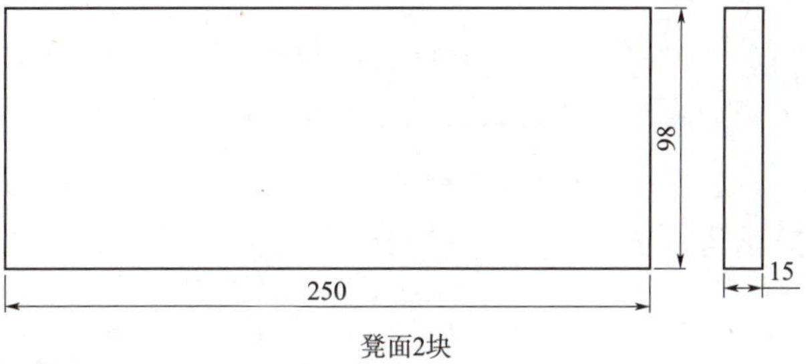

图 2-23 凳面（单位：mm）

2.4.2 画线标号

1. 工具准备与校准

（1）拐尺（角尺）

功能：用于校验木材边缘垂直度、画直角基准线及定位孔位水平 / 垂直坐标。

校准方法：将拐尺长边紧贴木材基准面，短边与木材侧面贴合，检查是否无缝隙。若存在缝隙，需用砂纸打磨木材边缘或调整加工基准面。

（2）圆规

功能：标记沉孔中心点、绘制圆弧轮廓（如托档端部半圆切割线）。

校准要求：圆规两脚间距与图纸标注尺寸一致（如 ϕ8 沉孔中心距边缘 20 mm）。使用游标卡尺校验圆规开合精度（误差≤0.2 mm）。

2. 画线标号

如图 2-24 至图 2-26 所示，使用拐尺、圆规在准备好的材料上画线，标记出打孔点（注意：托档和撑架孔分左右方向，不要标记反）。

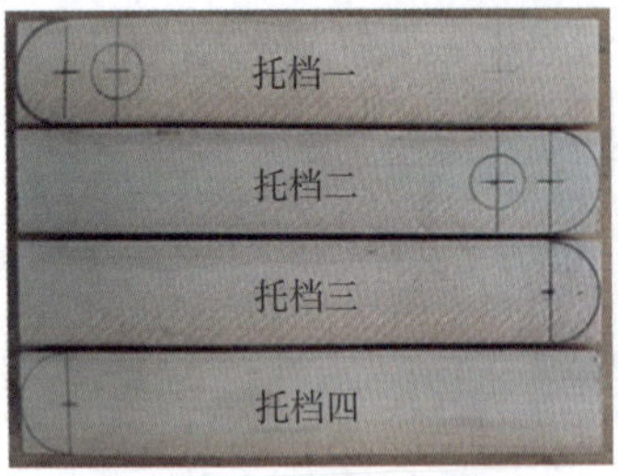

图 2-24　托档画线标号

图 2-25　横档画线标号

图 2-26　撑架画线标号

2.4.3　木材切割

1. 工具选择与准备

（1）手工拉花锯

适用场景：小批量加工、异形曲线切割，适合精度要求较高但无电动设备的情况。

锯条选择：细齿锯条［24TPI（Teeth Per Inch，每英寸齿数），齿距 1 mm］，适合硬木（榉木、白蜡木）。

锯条张力：通过旋钮调节至轻弹锯条发出“铮”声（频率约 200 Hz）。

（2）造木微工厂切割单元

适用场景：批量生产、高精度切割，支持复杂曲线编程。

主轴转速：硬木建议 6 000~8 000 rpm，软木 8 000~10 000 rpm。

进给速度：硬木 0.5 m/min，软木 1 m/min。

2. 手工拉花锯操作流程

（1）工件固定

如图 2-27 所示，首先将木料固定于工作台，半圆线悬空（距离台面≥5 cm）。在切割线外侧 0.5 mm 处贴美纹纸胶带，防止边缘崩裂。

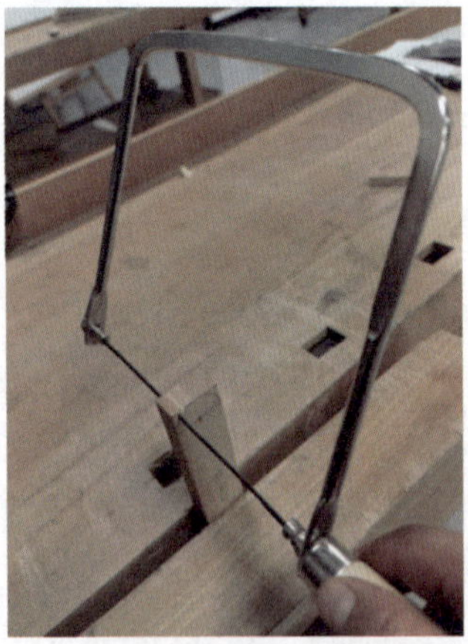

图 2-27　使用手工拉花锯切割

（2）起锯与切割

起锯角度：锯条与木面呈 15° 夹角，沿半圆线外缘轻推切入。

转向控制：切割圆弧时，每推进 10 mm 轻微旋转木料（或调整锯身角度），保持锯路与标记线平行。内圆弧段（凹面）切割需缩小锯条摆动幅度，避免卡锯。

（3）预留余量

切割时保留半圆线外侧 0.5~1 mm 余量（肉眼可见线条），供后续修整。

3. 造木微工厂切割单元操作流程

（1）程序设定

导入 CAD 图纸，生成 G 代码（数控编程语言）路径（偏移量设为 -0.5 mm，预留修磨余量）。选择单刃直刀（直径 3 mm），设定切削深度为木料厚度 +1 mm（防止底部毛刺）。

（2）加工步骤

对刀校准：使用寻边器确定木料原点，Z 轴下探至表面后抬升 0.1 mm。

试切验证：空跑程序检查路径是否闭合，首件加工后测量半圆直径（误差≤0.3 mm）。

（3）批量加工

使用真空吸附台固定木料，连续加工时每 5 件清洁刀头一次，防止木粉堆积影响精度。图 2-28 所示为使用造木微工厂进行切割。

图 2-28　使用造木微工厂切割

4. 关键注意事项

（1）保留基准线

切割时严禁覆盖或擦除半圆标记线，可用划线针加深线条（深度 0.2 mm）。加工后立即用铅笔在切割面标注“保留线侧”，避免后续混淆。

（2）防撕裂措施

硬木：在切割线终点预钻止裂孔（ϕ2 mm），防止末端纤维劈裂。

软木：降低切割速度，手工锯采用“推锯不拉锯”策略（仅向前施压）。

（3）安全防护

佩戴防割手套（仅限手工操作），造木微工厂作业时需移除手套。电动设备运行时禁止徒手清理木屑，使用气枪吹扫。

5. 切割

使用手工拉花锯或造木微工厂切割单元将四根托档和四根撑架的一端切割成半圆形，注意此步保留画的半圆线。

2.4.4　木材修圆

1. 工具选择

（1）木锉刀

图 2-29 所示为使用半圆锉修圆的过程。木锉刀可分为以下几种：

半圆锉：适用于大弧度修整（半径 R >20 mm），锉齿密度 12 齿 / 英寸（粗锉）或 20 齿 / 英寸（精锉）。

扁锉：用于直线与弧线过渡区域，锉面宽度 25 mm，

图 2-29　半圆锉修圆

锉齿倾角 45°。

材质要求：高碳钢锉刀（硬度 HRC 62~65），锉纹需无缺损、锈蚀。

（2）造木微工厂平面打磨单元

图 2-30 所示为使用造木微工厂修圆的过程。其中造木微工厂包括：

打磨主轴：配备 80 目砂带（粗磨）和 240 目砂带（精磨），转速调节范围 2 000~4 000 rpm。

夹具系统：真空吸附台 + 仿形靠模（按半圆线定制），定位精度 ±0.1 mm。

图 2-30　造木微工厂修圆

2. 手工锉削操作流程

（1）粗修轮廓

握持姿势：右手握锉柄，左手压锉尖，锉刀与木面呈 30° 夹角。

锉削方向：沿半圆线切线方向单向推锉（禁止来回摩擦），每次行程长度约 10 cm。

余量控制：保留 0.5~1 mm 余量，肉眼可见半圆标记线完整。

（2）精修定型

换用细锉：切换 20 齿 / 英寸半圆锉，锉削压力减半。

弧线检测：每锉削 3~5 次后，使用半径规（R=设计值 ±0.1 mm）贴合检查间隙，透光≤0.2 mm。

（3）过渡处理

棱角倒圆：用圆边扁锉将半圆端部与直线段衔接处倒角 R=2 mm，避免应力集中。

防撕裂技巧：逆木纹方向轻锉收尾，降低纤维翘起风险。

3. 机械打磨操作流程

（1）程序设定

路径规划：导入半圆 CAD 模型，生成等距偏置路径（偏置量 0.2 mm，重叠率 30%）。

砂带选择：粗磨用 80 目砂带（去除锯痕），精磨用 240 目砂带（表面抛光）。

（2）加工步骤

粗磨定型：固定木料于仿形靠模，启动设备后沿半圆线外缘打磨，每次进深 0.2 mm。打磨至距离标记线 0.3 mm 处暂停，切换精磨砂带。

精磨抛光：降低转速至 2 000 rpm，沿弧线匀速打磨，直至与标记线重合。使用压缩空气吹扫木粉，避免高温烧伤木材表面。

4. 关键注意事项

（1）基准线保护

锉削 / 打磨时严禁覆盖标记线，可用蜡笔加深线条（与木材色差明显）。加工后立即用划线针在非功能面刻写“基准线保留”标识。

（2）木材特性适配

硬木（如榉木）：锉削时喷洒水雾（湿度≤5%），防止木粉飞扬，同时降低锉刀升温。机械打磨需增加冷却气幕，避免表面碳化。

软木（如松木）：手工锉削采用“短程快锉”法，减少纤维拉扯。机械打磨时降低进给压力，防止过切。

（3）安全防护

手工操作：佩戴防割手套［EN 388 标准（由欧洲标准化委员会制定的工业防护手套安全标准）］，锉刀安装木柄防脱手。禁止将锉刀作为撬棍使用，防止断裂迸溅。

机械操作：设备运行前检查砂带完整性（无裂纹、接头平整）。

5. 修圆完成

如图 2-31 所示，即完成修圆操作。

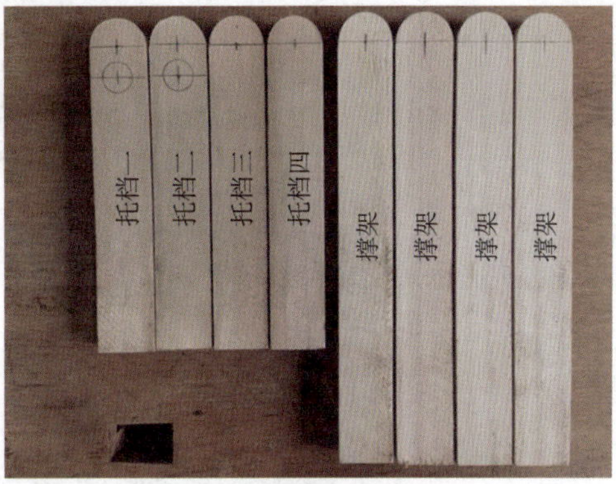

图 2-31 修圆完成的各部分

2.4.5 钻孔

1. 钻孔第一步

如图 2-32 所示，先加工 4 根托档“沉孔 ϕ8 下沉 20×ϕ4”两个孔，选用沉孔钻规格“ϕ4×8×100 mm”。

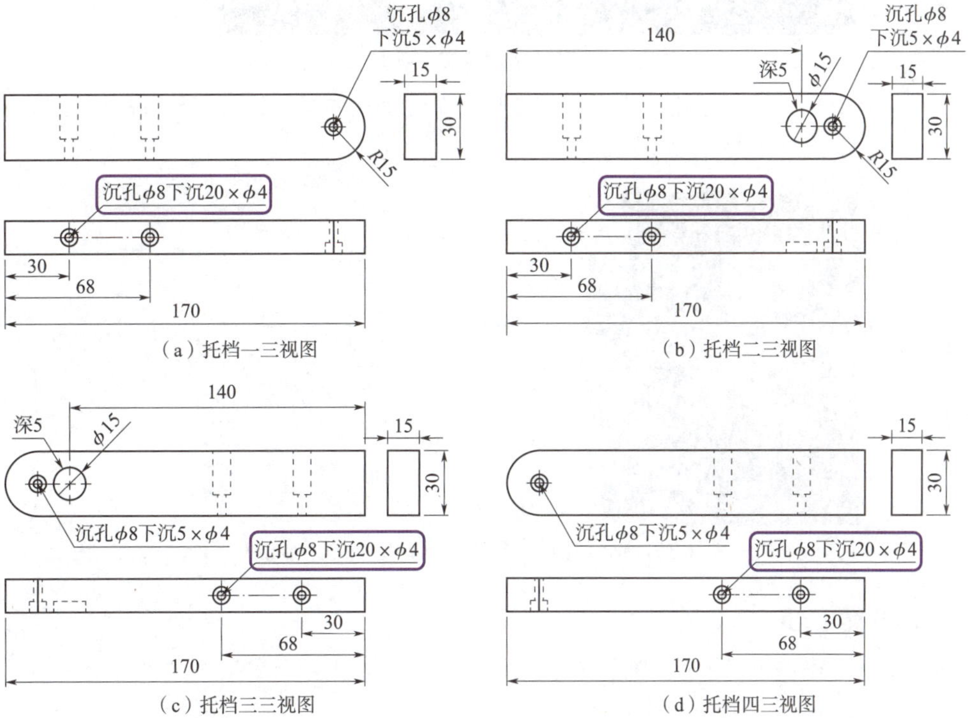

图 2-32 加工托档沉孔 ϕ8 下沉 20×ϕ4（单位：mm）

（1）如图 2-33 所示，选取任意一根托档材料，使用拐尺在 30 mm 面上量取距离侧边 20 mm 做标记。

图 2-33　用拐尺做标记

（2）造木微工厂孔加工单元设定：将沉孔钻装夹到位，按照图 2-34 所示依据上一步标记点位置调整定深距离，注意锁紧定深螺母。

图 2-34　调节造木微工厂孔加工单元

（3）如图 2-35 所示，使用造木微工厂孔加工单元加工 4 根托档“沉孔 ϕ 8 下沉 20 × ϕ 4”两个孔。

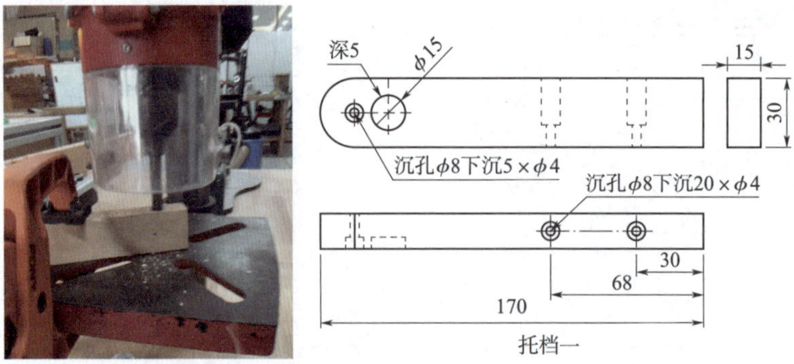

图 2-35　钻沉孔 ϕ8 下沉 20 × ϕ4（单位：mm）

2. 钻孔第二步

如图 2-36 和图 2-37 所示，加工 4 根托档、2 根横档和 4 根撑架的“沉孔 ϕ 8 下沉 5 × ϕ 4”沉孔。选用沉孔钻规格“ϕ 4 × 8 × 100 mm”。

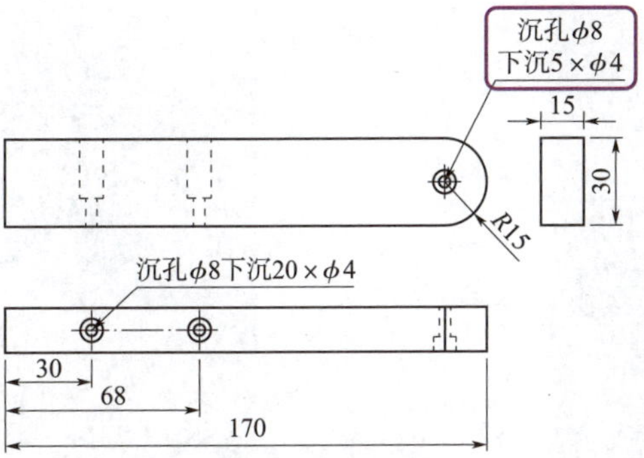

(a) 托档一三视图

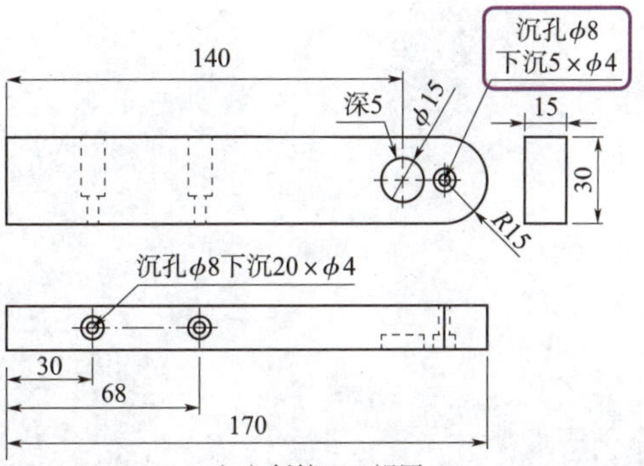

(b) 托档二三视图

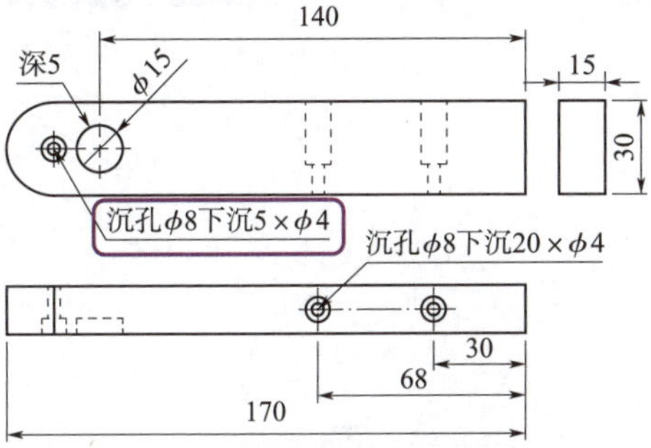

(c) 托档三三视图

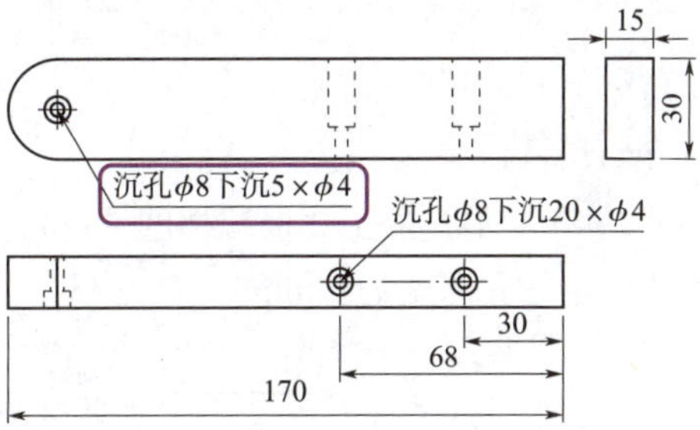

(d) 托档四三视图

图 2-36　加工托档沉孔 ϕ8 下沉 5×ϕ4（单位：mm）

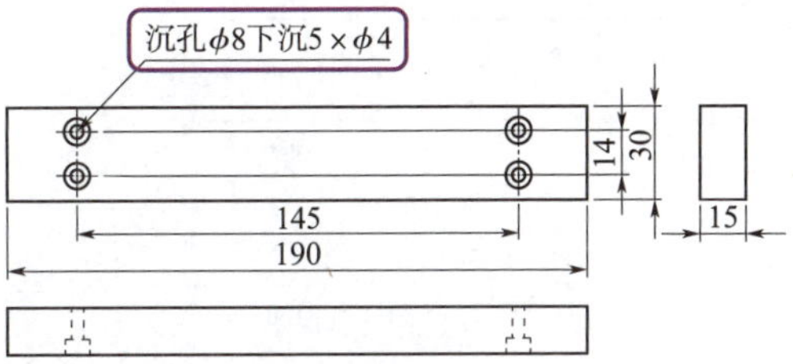

(a) 横档一三视图

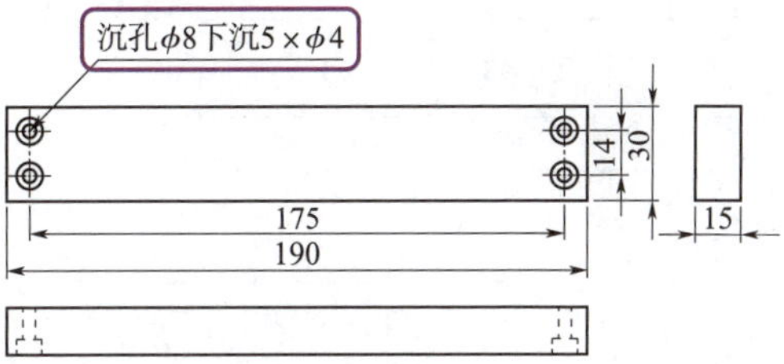

(b) 横档二三视图

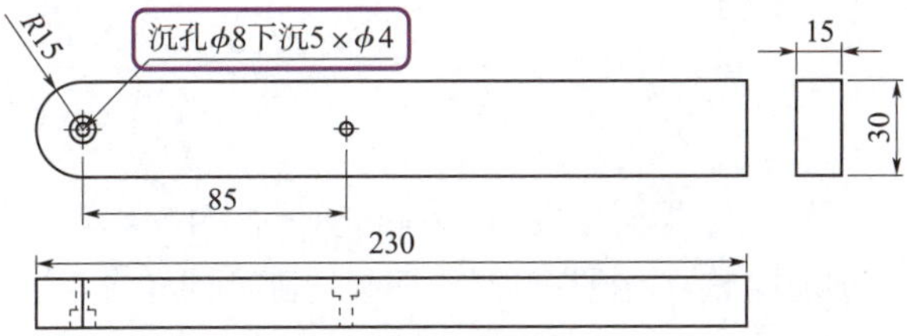

撑架4根

(c) 撑架三视图

图 2-37　加工横档及撑架沉孔 ϕ8 下沉 5×ϕ4（单位：mm）

（1）如图 2-38 所示，按照同样的方法调整造木微工厂孔加工单元定深螺母位置，注意锁紧定深螺母。

（2）如图 2-39 所示，使用造木微工厂孔加工单元加工 4 根托档、2 根横档、4 根撑架的“沉孔 ϕ 8 下沉 5×ϕ 4”沉孔。

图 2-38 调节造木微工厂孔加工单元

图 2-39 钻沉孔 ϕ8 下沉 5×ϕ4

3. 钻孔第三步

如图 2-40 所示，加工 2 根托档的“ϕ15 深 5”盲孔。选用开孔钻规格“ϕ15 mm”以同样的方法设定钻孔深度为 5 mm。

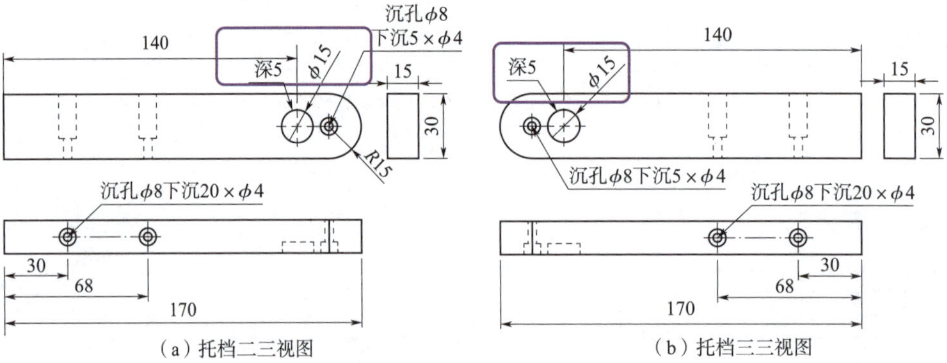

图 2-40 加工托档 ϕ15 深 5 盲孔（单位：mm）

2.4.6 组装

1. 安装撑架

如图 2-41 所示，将 1 号、2 号撑架中间沉孔一侧朝外，用 M4×25 mm 的螺栓、M4 螺母组合起来，调节松紧度，须能使撑架轻松撑开且无明显缝隙。同样将 3 号、4 号撑架组合起来。

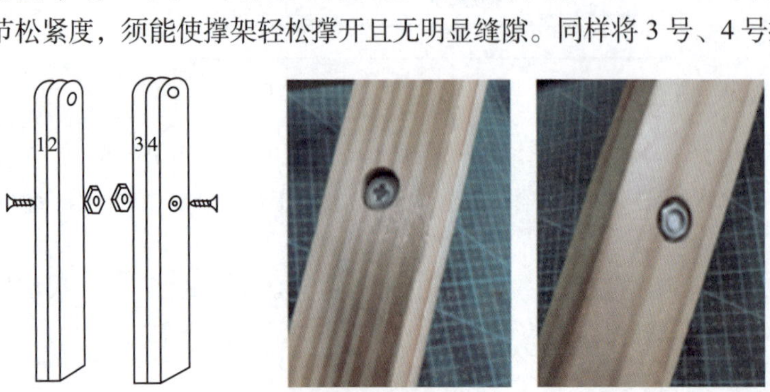

图 2-41 安装撑架

2. 撑架与托档组合

如图 2-42 所示，将 1 号托档放在 1 号撑架的外侧，然后用 M4 × 25 mm 的螺栓、M4 螺母组合起来。同样将 2 号托档与 2 号撑架组合，3 号托档与 3 号撑架组合，4 号托档与 4 号撑架组合。

图 2-42　撑架与托档组合

3. 撑架、托档与圆木棒组合

如图 2-43 所示，先将 2 号、3 号托档的 ϕ15mm 孔内涂木工胶，然后将圆木棒塞入孔内。

图 2-43　撑架、托档与圆木棒组合

4. 安装横档

如图 2-44 所示，凳子两面各有 1 块撑架横档，两根撑架横档的固定位置是不同的。一面安装在 1、4 号撑架上，另一面安装在 2、3 号撑架上。首先调整内侧两托档的间距至 100 mm，横档与托档端面间距为 3 mm。按图纸要求用十字沉头自攻钉 M4 × 20 mm 与撑架结合。

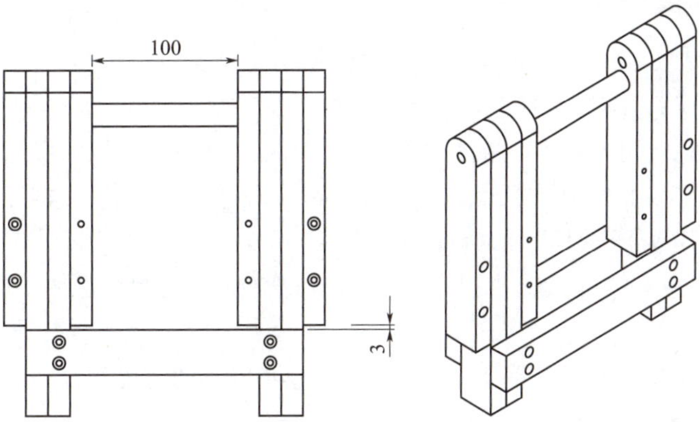

图 2-44　安装横档（单位：mm）

5. 安装凳面

如图 2-45 所示，将一根凳面放在组装好的凳架下方，凳面左右间距相等，下侧边与托档端面齐平。使用四个 M4 × 20 mm 十字沉头自攻钉将托档与凳面连接。注意：检查自攻钉要安装到底且不能有穿透凳面现象。

图 2-45　安装凳面

2.4.7　调整打磨

如图 2-46 所示，为了使折叠凳安放平稳，可以将撑架底部使用手锯或者平面打磨单元加工成圆弧形或者斜角度。

如图 2-47 所示，用造木微工厂平面打磨单元将折叠凳整体打磨平整，然后依次用 400 目、600 目砂纸整体打磨至表面光滑。

图 2-46　用造木微工厂平面打磨单元调整打磨

图 2-47　用砂纸调整打磨

2.4.8　涂饰木蜡油（选做）

确保折叠凳整体已经经过 400 目、600 目砂纸精细打磨过，木材打磨越光滑擦木蜡油手感和质感就越好，涂饰木蜡油过程如图 2-48 所示。

（1）用棉布蘸取适量木蜡油，顺木纹方向轻擦涂布，保持动作均匀细致。擦拭后立即用干净的干棉布轻轻收匀表面，确保木蜡油分布均匀无堆积。施工完成后，将工件置于通风良好的环境中静置待干，建议干燥时间为 4~6 h。

（2）擦完第一遍木蜡油后，木材因吸收油蜡容易泛起毛刺，可用 600 目的砂纸将毛刺抛光。

（3）擦第二遍木蜡油的目的是使木材质感和手感更好，同时可防腐、防霉、防水、防开裂及变形等。表面干燥需要时长为 4~6 h。

图 2-48 涂饰木蜡油

2.4.9 成品

如图 2-49 所示，即为加工完成的便携式折叠凳。

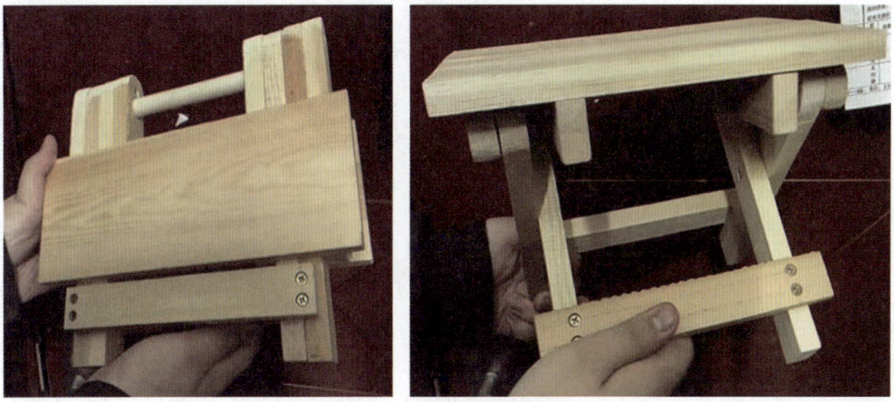

图 2-49 便携式折叠凳成品

2.5 成果展示及教师评分

在木工劳动过程中，各小组需严格按照 8 课时规划推进木工实践，通过科学的时间管理与工序分配确保项目高效落地。劳动成果展示时，各组需重点关注三大核心环节：一是以照片为载体建立过程档案，每课时结束后对作品细节与操作场景进行多角度记录，为成果溯源与质量追溯提供依据；二是强化团队协作，通过岗位分工（如设计员、操作员、记录员）实现流水化作业；三是严格执行工艺标准，从切割精度到组装稳固性均需通过自检互查。这些实施细节不仅保障了便携式折叠凳的最终品质，更为教师客观评价提供了可视化评分依据，实现过程管控与结果考核的有机统一。

2.5.1 课程说明与展示要求

1. 劳动时长与课时安排

本次木工实践课程共计 8 个课时，在老师的指导下，涵盖从材料准备、加工制作到成品完善的全流程操作环节。各小组需听从指导老师的要求，合理规划每个课时的任务安排，确保在规定时间内高质量完成既定目标。

2. 照片记录要求

在本次木工实践过程中，建议大家进行拍照记录。拍照记录具有双重重要意义，一方面，它能够为同组同学定格下共同参与劳动的美好瞬间，成为日后珍贵的回忆；另一方面，也为任课老师提供了直观、清晰的评分依据，有助于老师更全面、准确地评估各小组的实践成果。

（1）记录内容

劳动成果展示：每个课时结束后，小组成员需对当前课时的木工成果进行全方位、多角度拍照记录。照片应清晰呈现作品的外观细节、结构特点、工艺水平等关键要素，确保老师能够直观、准确地评估作品的完成度与质量。

工作场景记录：拍摄记录本组组员在木工操作台前进行实际操作的场景照片。照片应包含组员专注工作的神情、使用的工具设备、操作的动作规范等内容，以体现组员的实践参与度和团队协作精神。

（2）照片质量与数量

质量要求：照片无强制性的专业设备或高规格打印要求，但必须保证图像清晰，能够清晰辨认作品细节和人物面部特征，确保老师能够清晰明了地查看照片内容。

数量要求：用于记录每个课时劳动成果的照片数量不设上限，鼓励小组根据实际情况充分记录，以全面展示工作过程和成果。但需注意避免拍摄大量重复、无实质内容的照片，提高照片的有效性和针对性。

（3）照片整理与提交

打印与装订：所有照片需在课程结束后统一打印成纸质材料。打印时，应选择合适的纸张规格和质量，确保照片易于查看和保存。打印完成后，按照课时顺序将照片进行整理装订，形成完整的课时照片集。

成果展示标注：将装订好的照片集张贴至后续指定的成果展示小节中。在照片集封面或醒目位置，清晰标注小组名称、课程名称、完成日期等基本信息。同时，在每张照片下方或合适位置，用简洁明了的文字说明照片所对应的课时、记录内容（如作品名称、操作环节等）。

笔记栏

2.5.2 成果展示

小组信息及成员劳动占比、成果展示请记录在表 2-4 和表 2-5 中。

表 2-4 小组信息及成员劳动占比

项 目	内 容	
	姓 名	劳动占比（总 100%）
组 长		
组 员		
班 级		
组 别		

笔记栏

表 2-5　成果展示单

劳动时间 （年 / 月 / 日）	成果展示	劳动内容
	（照片粘贴处）	

续上表

劳动时间 （年/月/日）	成果展示	劳动内容
	（照片粘贴处）	

续上表

劳动时间 （年 / 月 / 日）	成果展示	劳动内容
	（照片粘贴处）	

续上表

劳动时间 （年/月/日）	成果展示	劳动内容
	（照片粘贴处）	

续上表

劳动时间 （年/月/日）	成果展示	劳动内容
学生实践 收获与感想		
教师总体评分		

第 3 章 电子产品制作

在科技飞速发展的今天，电子产品已深度融入人们生活的方方面面，从智能手机到智能穿戴设备，从智能家居到无人飞行器，都离不开精密的电子制作工艺。学习电子产品制作，不仅能提升学生的动手实践能力，更能培养创新思维与工匠精神。通过亲手制作电子产品，同学们将揭开这些科技产品背后的神秘面纱，在劳动实践中感受创造的乐趣与价值，为未来探索科技世界奠定坚实基础。

知识导图

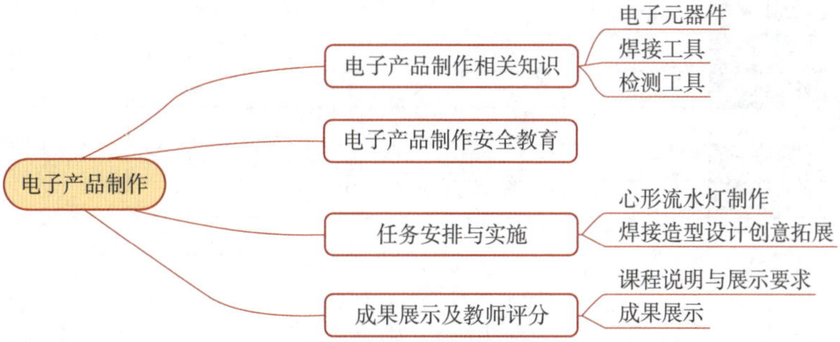

学习目标

（1）了解电子产品基本构成（电路板、电子元器件），熟悉常见电子元器件的外观、功能及特性，能够准确识别不同类型的电子元器件，学会正确使用电子产品制作的常用工具。

（2）通过动手实践，完成简易电子产品焊接、安装和调试（如心形流水彩灯、创意焊接等），了解制作过程中的安全操作规范，确保安全。

（3）培养动手能力、团队协作意识和安全意识，理解劳动创造价值的意义。

3.1 电子产品制作相关知识

本节将深入了解电子元器件的基本概念、种类及其在电路中的作用，这是制作任何电子产品不可或缺的知识储备。电子元器件，如电阻器、电容器、二极管和三极管等，它们各自独特的电学特性构成了电子产品复杂而精妙的功能基础。掌握这些电子元器件的识别与检测方法，将为后续的实际操作打下坚实的基础。下面将逐一探讨这些关键电子元器件的具体特性和应用，为后续的电子产品制作提供理论支持。

3.1.1 电子元器件

电子元器件是组成电子产品的基本单元，了解它们是制作电子产品的第一步。

1. 电阻器

电阻器是对电流有阻碍作用的电子元器件，在电路中常用于调节电流大小、分压等。电阻器的外观多种多样，常见的有直插式电阻器和贴片电阻器。直插式电阻器如图 3-1 所示，其两根引脚较长，便于插入电路板进行焊接。常用的阻值标识方法有色环标识法和数字标识法，色环标识法通过电阻器表面不同颜色的色环来表示阻值和误差，例如，四色环电阻器，第一、二环表示有效数字，第三环表示倍率，第四环表示误差，图 3-2 所示为色环电阻器识别具体含义。贴片电阻器体积小巧，如图 3-3 所示，表面通常印有数字标识，表示其阻值，电阻的单位是欧姆（Ω）。

图 3-1　直插式电阻器

颜色	第一段	第二段	第三段	乘数	误差	
黑色	0	0	0	1		
棕色	1	1	1	10	± 1%	F
红色	2	2	2	100	± 2%	G
橙色	3	3	3	1 K		
黄色	4	4	4	10 K		
绿色	5	5	5	100 K	± 0.5%	D
蓝色	6	6	6	1 M	± 0.25%	C
紫色	7	7	7	10 M	± 0.10%	B
灰色	8	8	8		± 0.05%	A
白色	9	9	9			
金色				0.1	± 5%	J
银色				0.01	± 10%	K
无					± 20%	M

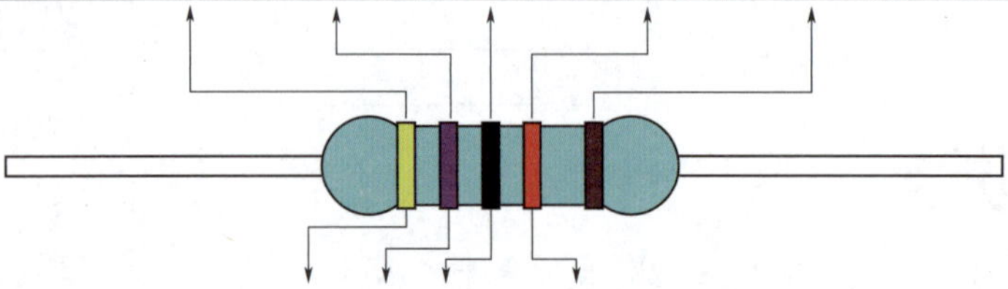

以上面电阻器为例：4　7　0　× 100　=47 000 R=47 K

单位换算：

1 K=1 000 R

10 K=10 000 R

100 K=100 000 R

1 M=1 000 K=1 000 000 R

10 M=10 000 K=10 000 000 R

图 3-2　色环电阻器识别

图 3-3　贴片电阻器

2. 电容器

电容器是能够储存电荷的电子元器件，在电路中具有滤波、耦合、储能等作用。电容器可分为电解电容器、瓷片电容器等。电解电容器有正负极之分，如图 3-4 所示，其外壳上通常有负极标识，使用时极性不能接反，否则可能会导致电容器损坏甚至爆炸；瓷片电容器无极性，如图 3-5 所示，常用于高频电路中。电容的单位是法拉（F），常见的单位还有微法（μF）、皮法（pF）。

图 3-4　电解电容器

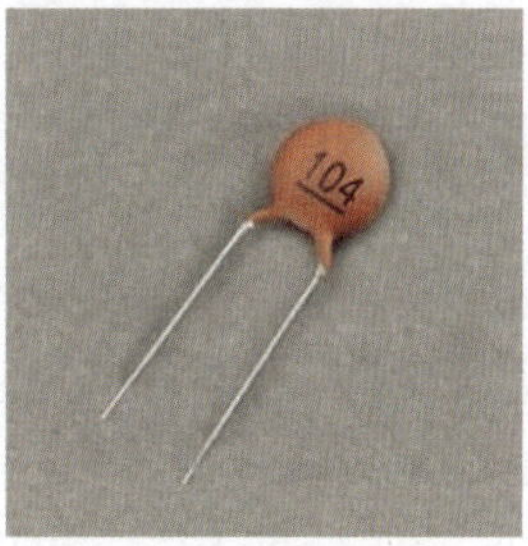

图 3-5　瓷片电容器

3. 电感器

电感器是能够把电能转化为磁能并储存起来的电子元器件，在电路中常用于滤波、振荡、延迟等。常见的电感器有空芯电感器、磁芯电感器等。空芯电感器如图 3-6 所示，是由导线绕制而成，没有磁芯；磁芯电感器则在空芯电感器的基础上加入了磁芯，能够增强电感量，如图 3-7 所示。电感的单位是亨利（H），常用单位有毫亨（mH）、微亨（μH）。

图 3-6　空芯电感器

图 3-7　磁芯电感器

4. 二极管

二极管具有单向导电性，即电流只能从二极管的正极流向负极，其在电路中常用于整流、限幅、稳压等。常见的二极管有普通二极管、发光二极管（LED）等。普通二极管外观如图 3-8 所示，其一端通常有白色或黑色色环标识负极；发光二极管在导通时会发光，如图 3-9 所示，其长脚为正极，短脚为负极。

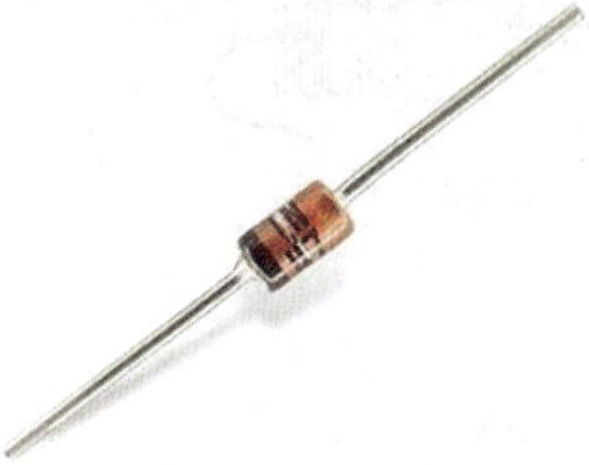
图 3-8　普通二极管

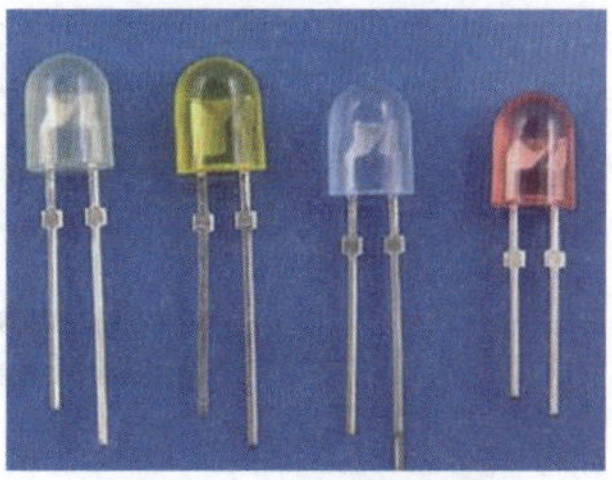
图 3-9　发光二极管

5. 三极管

三极管是一种具有电流放大作用的半导体器件，在电路中具有放大、开关等功能。三极管有三个引脚，分别是基极（B）、集电极（C）和发射极（E）。常见的三极管封装形式有 TO-92 封装，如图 3-10 所示。根据材料和结构的不同，三极管可分为 NPN 型和 PNP 型，其工作原理和应用场景有所不同。

图 3-10 TO-92 封装形式的三极管

3.1.2 焊接工具

1. 电烙铁

电烙铁是电子产品焊接中最常用的工具，选择合适的烙铁并规范使用，是保证焊接质量的基础。电烙铁是通过发热将焊锡熔化，使电子元器件与电路板牢固连接。使用电烙铁时，要注意保持烙铁头的清洁，定期上锡，防止氧化。

（1）电烙铁的分类

根据用途、结构的不同，烙铁的样式很多。以加热方式分，有直热式、感应式、气体燃烧式等；以烙铁发热功率分，有 20 W、30 W 和 300 W 等；以功能分，有单用式、两用式、调温式等。最常用的是单一焊接用的直热式电烙铁，它又可分为内热式（见图 3-11）和外热式（见图 3-12）两种，其中外热式主要用于工业，功率较大，从 25 W 到数百瓦，加热较慢，一般需要 15~20 min；内热式电烙铁具有重量轻、体积小、发热快和功耗低等特点。

图 3-11 内热式电烙铁

图 3-12 外热式电烙铁

（2）电烙铁的结构

电烙铁主要由烙铁头、手柄及烙铁芯组成，各部分都可分离。图 3-13 所示为外热式电烙铁及内热式电烙铁的结构组成。

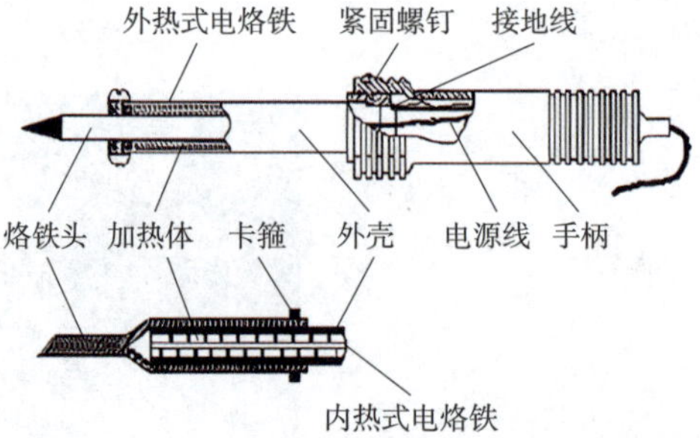

图 3-13 外热式电烙铁及内热式电烙铁结构组成

①烙铁头作为能量储存和传递的部件，一般用紫铜制成。

②手柄一般用木材或胶木制成，设计不良的手柄，温升过高会影响操作。烙铁柄上有一个固定电源线的螺钉，拧下该螺钉，并将手柄拧下后，可以看见电烙铁的内部结构。

③烙铁芯是完成能量转换的发热元件，是将电阻丝缠在云母、陶瓷等耐热、绝缘材料上构成的。更换烙铁芯时，将烙铁芯引线在接线柱螺钉上顺时针绕一圈，长出的部分剪去后用带螺纹的铜管拧紧，注意不要用力太大，以防拧断线柱；把 220 V 电源线头剥开 2~3 mm 长，上锡后插入线孔，用固定螺钉拧紧；然后拧上烙铁手柄；在拧烙铁手柄时要注意保证电源线不要随其一起旋转，以免电源线头缠绕而短路；最后拧紧手柄上的压线螺钉，把电源线压紧，以防电源线转动造成线头短路而损坏。

（3）电烙铁的检测

①外观检查：A. 电源插头；B. 电源线；C. 烙铁。

②电热丝阻值检测。使用指针式万用表电阻 $\Omega\times100$ 挡，检测电源插头两端的阻值。20 W 电热丝的电阻值约为 2.2 kΩ。

③绝缘电阻无穷大。测量绝缘电阻时，使用指针式万用表电阻 $\Omega\times10k$ 挡，测量插头与烙铁的金属外壳（有金属光泽部分）之间的电阻值，指针若无摆动，表明无漏电现象。

（4）电烙铁的使用

新电烙铁在使用前必须将吃锡面打磨干净并镀上锡，方可使用。电烙铁使用时间过长会导致烙铁头表面氧化，烙铁头部会磨损，吃锡面也会变成凹凸不平，甚至会形成空洞，氧化严重时烙铁头就会发黑而不蘸锡，这就是所谓的烙铁头烧死，造成电烙铁无法使用。此时将电烙铁断电后，用钢锉将烙铁头吃锡面重新打磨，将其修整成心形尖状，保证有 30° 左右的斜面或锥形，再镀上锡，电烙铁就可以使用了。烙铁头的吃锡面可以将电烙铁的热量尽快地传递到焊接点上，吃锡面的形状和氧化程度也影响烙铁熔锡的速度，正确地使用和保养烙铁头是能否顺利焊接的基础。烙铁芯和烙铁头都是易损件，损坏要及时更换。

（5）烙铁架

烙铁架用于放置电烙铁，防止电烙铁烫伤桌面或其他物品，同时还配有清洁海绵，用于清洁烙铁头。如图 3-14 所示，烙铁架一般有一个用于固定电烙铁的插孔和放置清洁海绵的凹槽。在电烙铁暂时不用时应将其放置在烙铁架上，确保安全。

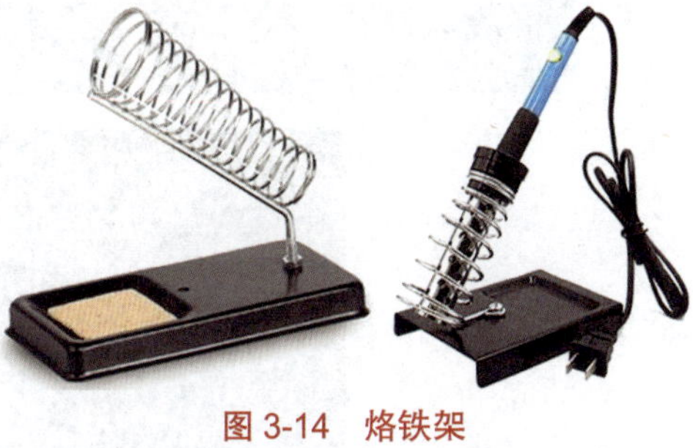

图 3-14　烙铁架

2. 焊接材料

焊接材料包括焊料和焊剂。

焊料是易熔金属，就其成分来说，有铅锡焊料、银焊料和铜焊料等。实践操作中常用铅锡合金，含锡量一般在 60% 左右，焊锡丝直径有 0.5 mm、0.8 mm、1.0~5.0 mm 等。铅属于对人体有害的金属，使用焊锡时，应保持一定的距离，工作完毕要洗手。

焊剂用于清除氧化膜，是保证焊锡浸润的一种化学剂。助焊剂主要有有机系列、无机系列和松香焊剂等三类。松香在常温下是固体，当加热至熔化时显酸性，可与金属氧化膜发生反应，形成化合物悬浮在液态锡表面，保护焊锡表面不被氧化，冷却后又变成稳定的固体，无腐蚀，绝缘好。松香加热过度会炭化发黑，失去作用，影响绝缘和美观，因此应注意焊接时间及温度，变质的松香要用酒精清除。

3. 焊接技术

（1）焊接步骤及方法

①电烙铁的握法：电烙铁握法有“反握法”“正握法”和“握笔法”三种，如图 3-15 所示。反握法动作稳定，长时间操作不易疲劳，适合于大功率烙铁的操作；正握法适用于中等功率电烙铁或带弯头电烙铁；握笔法适用于直型电烙铁头焊接小型电子设备和电路板的工作场景。

（a）反握法　（b）正握法　（c）握笔法

图 3-15　电烙铁握法

②焊接前准备好工具和材料，电烙铁加热后，去除烙铁头上的氧化物残渣，把少量焊锡和焊剂加到清洁的烙铁头上。

③焊接时，如焊小焊点，烙铁头要大面向上，与板面约成 30° 角，前端顶住元件引线或管脚，下面接触焊盘，加热 1~2 s 后，用直径为 0.8~1.0 mm 焊锡丝向烙铁头、焊盘和引脚三点夹角处加焊锡丝（一般一个焊点用 1 mm 焊锡丝就足够了），然后马上拿去焊锡丝，烙铁头停留片刻后迅速移开，如移开的速度不快，会出现毛刺，不容易修复。在焊锡没有冷却之前不要动焊件，以防造成虚焊而影响焊接质量。

注　意：

不能往烙铁头上加焊锡丝；移开焊锡丝的时间不得滞后于移开烙铁头的时间。基本焊接方法（五步法）：如图 3-16 所示，数 5 个数，准备（顶住），送烙铁头加热（1~2 s），送焊锡（1 s），去焊锡，撤烙铁头（1 s），完成焊接。去烙铁时应垂直向上，水平向右容易出现毛刺。

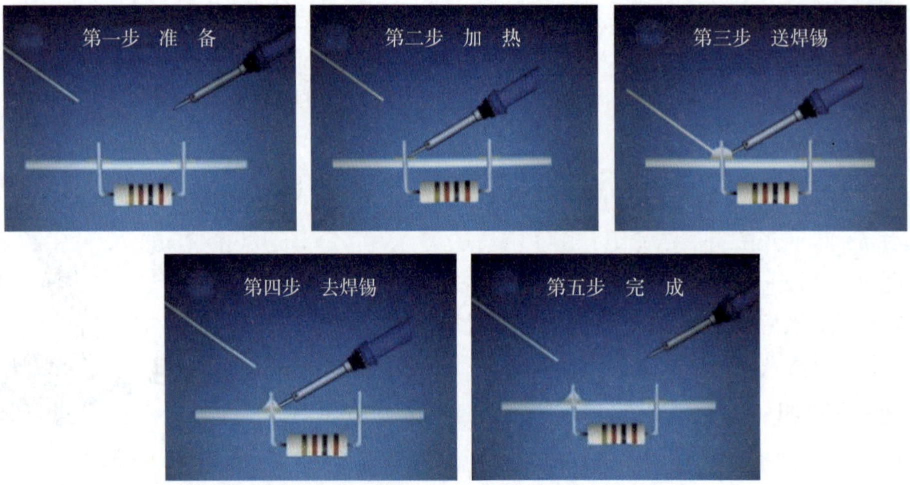

图 3-16　五步焊接法

④一个合格的焊点要满足如下三个条件：

a. 焊点表面有光泽，无毛刺。

b. 焊锡高度不要高出焊盘直径的 1/2。

c. 焊锡要充满焊盘，并均匀分布在焊盘四周，不匀时，可用烙铁头烫一下，或转一下板子，只有达到要求才美观。焊点形状要像干沙堆，焊锡布满焊盘后，焊锡越少越好。

⑤焊接时要掌握焊接时间，时间过长会烫坏电子元器件，也可能使印制电路板上的焊盘

翘起造成电路板报废；焊接时间过短则焊锡不能充分熔化，容易造成虚焊。一般时间控制在2~3 s，如对导线和金属物进行焊接，时间可相对长些。

（2）焊接缺陷

常见的焊接缺陷有焊锡桥联、虚焊、偏焊、漏焊、过焊、焊盘脱落等。下面重点介绍焊锡桥联和虚焊造成的原因及解决方法。

①焊锡桥联：焊锡桥联常出现在体积比较小的元器件引起的焊接问题中。当电路板上两个不应该连接的焊点在 PCB 焊接过程中不经意地被焊锡连接时，就会形成桥联，如图 3-17 焊锡桥联红圈所示。根据电路结构的不同，可能会造成各种损坏。造成桥联可能的原因有：在接头之间使用的焊料过多、太宽或者太大的烙铁头、突出的引线长度过长、助焊剂不足、焊料拖曳速度过快、烙铁退出的角度不合适、在焊盘和阻焊层之间没有留下足够的空间等。解决的办法有：可以通过在两个焊点之间拖动热烙铁的尖端来吸掉多余的焊料；如果焊料过多，焊锡吸盘或焊锡芯可以帮助去除多余的焊料。

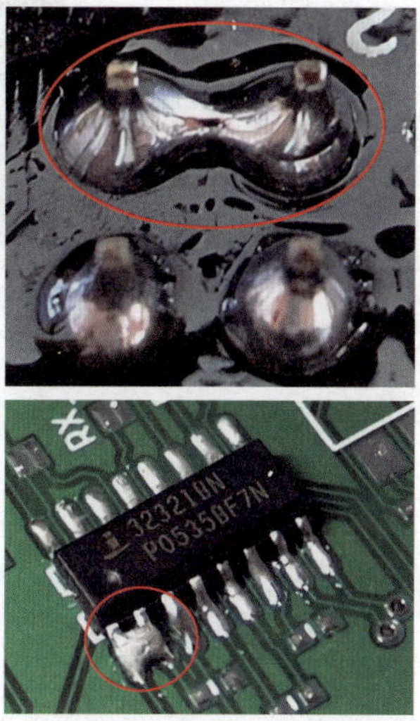

图 3-17　焊锡桥联

②虚焊：虚焊是指焊点处只有少量的锡焊柱，造成接触不良，时通时断。造成虚焊的原因首先是元件表面有氧化层，造成虚焊，引脚表面的氧化层会影响焊锡与引脚之间的融合。其次，如未给焊盘加热，而送锡时向引脚或烙铁头上送，滴落在焊盘上，也会形成同样的虚焊。解决的办法有：清洁焊接表面，使用酒精、清洁剂或橡皮擦彻底清除焊盘、元件引脚上的氧化层、油污或灰尘。对严重氧化的金属表面，可用细砂纸或刮刀轻微打磨，确保焊盘和引脚呈现光亮、无污染的金属色。焊接时要控制适当的焊锡量，焊锡量以覆盖焊盘并形成“圆锥形”焊点为宜，避免过少（接触不良）或过多（短路风险）。可先加热焊盘和引脚，再送焊锡丝，让熔化的焊锡自然包裹焊接点。

手工焊接是一项需要通过实际操作反复练习才能掌握的技术，实际焊接中会遇到许多具体情况，需要同学们在实践中，多练习，多总结，找规律。

3.1.3　检测工具

1. 万用表

万用表是一种多功能、多量程的测量仪表，可用于测量电压、电流、电阻等电学参数。万用表是电子测试中的基本仪表，结构和型式多种多样，表盘、旋钮的分布也千差万别。使用之前，必须熟悉每个转换开关、旋钮、按键、插座和接线柱的作用，了解表盘上每条刻度的特点及其对应的数值。这样，可以充分发挥万用表的作用，使测量准确可靠；同时，也可以保证让万用表在使用中不被损坏。常见的万用表有指针式万用表和数字式万用表。

指针式万用表如图 3-18 所示，通过指针的摆动来指示测量数值，可以直观地观察到数值的变化趋势。指针式万用表可靠耐用，观察动态过程直观，但读数精度和分辨力较低。

数字式万用表如图 3-19 所示，以数字形式直接显示测量结果，具有读数准确、精度高、操作方便等优点。数字式万用表读数精确直观，输入阻抗高，但有时出现错误不易察觉，且使用维护要求较高。

图 3-18　指针式万用表

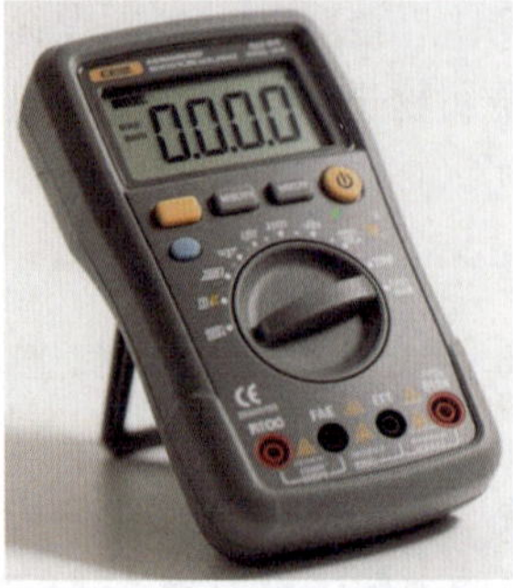

图 3-19　数字式万用表

使用万用表测量时，要根据测量对象选择合适的量程和功能挡位，确保测量的准确性和安全性。指针式万用表和数字式万用表二者配合可取长补短，相得益彰。例如，调试电源可用数字式万用表测电压，读数精确直观；指针式万用表可用于测电流，观察动态变化过程。

2. 万用表的量程

（1）插孔的选择

①主插孔：万用表的插孔用来接插表笔，对指针式万用表而言，红色表笔的插头应接到标有“+”符号的插孔中，黑色表笔的插头应接到标有“-”或“*”符号的插孔中；对数字式万用表而言，红色表笔的插头应接到标有 VAΩ 符号（有的数字式万用表为 VmAΩ）的插孔中，黑色表笔的插头应接到标有 COM 符号的插孔中。红、黑表笔的区分是根据万用表内部电路来决定的，在测量直流电流或电压时，电流从红表笔流入，从黑表笔流出。这样，万用表才能正确指出被测电量的数值，否则，不仅不能测量数值，还很可能毁坏万用表。因此，在使用时一定要把红、黑表笔插入相应的插孔内。

②辅助插孔：在很多万用表中，除红、黑表笔插孔外，还有其他辅助的插孔。这些插孔因万用表不同而有所差异。以 MF368 型万用表为例，1 500 V 插孔用来测量直流电压，当被测电压在 500~1 500 V 时，则将红色表笔插入该插孔中，黑色表笔不动，同时万用表量程开关置于直流电压 500 V 挡。DC 2.5 A 插孔只在测量 0.25~2.5 A 的直流电流时使用，此时，将万用表红色表笔插入该插孔，黑色表笔不动，量程开关置于直流电流的任意位置上即可测量。在使用辅助插孔时，要注意插孔的选用和量程的选择，这两部分是配合使用的。

③晶体管测量孔：以上两种万用表在测量晶体管 β 值时，都使用专用的插孔。测量时将换挡开关置于 hFE 挡位，晶体管三个电极分别插入标有 e、b、c 的三个孔即可读出值。该插孔标有 P 或 PNP 字母的用来测量 PNP 晶体管，标有 N 或 NPN 字母的用来测量 NPN 晶体管。

（2）被测电量和量程的选择

万用表是一种多电量、多量程的测量仪器，在测量中应首先选择相应的电量和量程。如测量 220 V 交流电时，转换开关应置于交流电压挡，并选择量程 250 V 或 500 V。根据万用表型号的不同，被测电量量程的选择有两种方法，一种是同时选择，即一个转换开关在选择量程的同时，还可用来选择电量；另一种是分别选择，使用两个转换开关，一个用来选择被测电量的种类，另一个用来选择量程。

在选择指针式万用表量程时，一般要使指针指示在满刻度的 1/3 至 2/3 之间，这样便于读数，测量结果比较准确。如果不知道被测电量的范围，可先选择最大的量程，若指针偏转很小，再逐步减小量程。

（3）数值的读取

指针式万用表盘上有多条标度尺，它们分别在测量不同电量时使用。在选好电量种类和量程后，还要在相应的标度尺上去读数。如标有 DC 或“-”的标度尺可用来读取直流量；标有 AC 或“~”的标度尺可以用来读取交流量。在读数时，眼睛应位于指针的正上方；对于有反射镜的万用表，应使指针和镜像中的指针重合，这样可以减小读数误差，提高读数准确性。在测量电流和电压时，还要根据所选择的量程，来确定刻度线上每一个小格所代表的值，从而确定最终的读数值。

3. 万用表的使用

（1）电阻器检测

使用指针式万用表欧姆挡测量电阻器时，首先检查“机械零位”，即在没有被测电量、两表笔开路时，万用表指针应指在零电压或零电流的位置上，否则应进行“机械调零”，调好后在以后的测量中不需要再调整。然后根据需要进行倍率挡的选择，并进行欧姆调零。倍率挡的选择应以测量时使指针尽量接近标度尺的中间部分为宜，指针越接近二分之一，读数越准确。在选择好倍率挡后，将两根测试表笔短接，同时轻轻转动调零旋钮“Ω”，使指针刚好指在欧姆刻度的零位上。**每换一次倍率挡，就必须调零一次**，以保证测量的准确性。在调零时若指针不能回到零位，说明万用表的电池电压不足，需更换。

使用数字式万用表时，不需进行调零操作，只要选择相应的倍率挡进行测量读数即可。

测量电阻器时，禁止双手同时接触电阻器两引脚，尤其是测量大阻值电阻器时要注意。

（2）电容器检测

在检测电容器之前，应先将电容器两端短接放电（大电容器需多次放电），再使用欧姆挡进行测量，以防止损坏万用表。用指针式万用表更方便观测。

①小电容器（≤0.1 μF）可测短路、漏电故障。采用测电阻的方法，使用 ×10 K 高阻挡，正常情况下电阻值为无穷大，若电阻值接近或等于零则电容器短路，若为某一数值则电容器漏电。

②大容量电容器（≥0.1 μF）除可测短路和漏电外，还可估测电容量。

其一，可用万用表欧姆低阻挡，将表笔接触两端，正常情况下表针将发生摆动，容量越大摆动角度越大，且回摆越接近出发点，电容器质量越好（漏电越小）；交换两表笔顺序再次测量，表针仍将发生摆动。

其二，可利用已知容量电容器对比估测电容量。

③可以观察电解电容器的充放电现象。

（3）电感器检测

电感器的检测主要是使用万用表测量线圈是否短路和断路。方法是测量线圈电阻及线圈间绝缘电阻。一般线圈电阻值较小，约零点几欧到几十欧，宜用数字式万用表测。线圈之间绝缘电阻应为无穷大或 0.5 MΩ 以上。

（4）二极管检测

用万用表测量二极管的管脚，主要根据是二极管的单向导电特性。

①如采用指针式万用表，可直接用“Ω”挡，量程应置于 ×100 或 ×1k 挡，用红、黑表笔分别接二极管的两个极，如图 3-20 所示。观察指针的偏转情况，然后交换红、黑表笔再测

一次。若两次测量呈现的电阻值有明显的差异，说明二极管是好的。在测量中，呈现电阻值较小时，黑表笔接触的管脚是二极管的阳极。

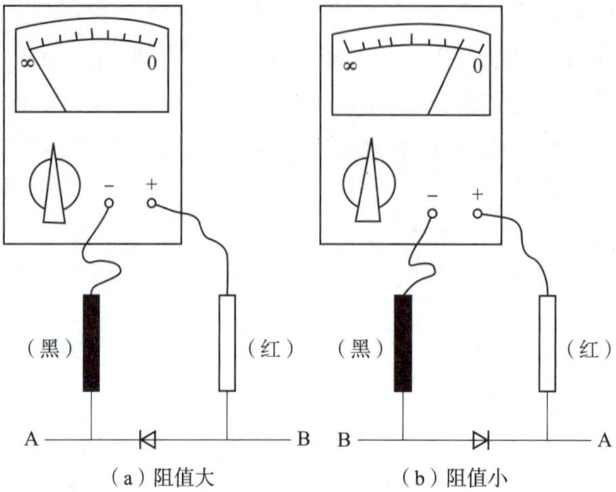

图 3-20　指针式万用表测量二极管

由于晶体二极管是单向导通的元件，因此测量出来的正向电阻值与反向电阻值相差越大越好。如果相差不大，说明二极管性能不好或已损坏。如果测量时表针不动，说明二极管内部已断线。如果测出电阻值为零，说明电极之间已短路。

特别提示：指针式万用表中，黑表笔为内部电池正极，红表笔为内部电池负极，与数字式万用表相反。

②如采用数字式万用表，可直接用“二极管”挡，测量二极管的电压降，正常二极管正向压降约为 0.1 V（锗管）到 0.7 V（硅管），反向显示“1---”。

（5）三极管检测

①判定基极和管型（NPN 型或 PNP 型）。

三极管是具有两个 PN 结的半导体器件，可以等效为两个二极管反极性串联而成，图 3-21 所示为 NPN 型和 PNP 型三极管的管型及内部 PN 结。

基极判别：分别检测三极管任意两引脚，导通两次的引脚为基极，如图 3-22 所示。

管型判别：若红表笔接基极，为 NPN 型管；若黑表笔接基极，为 PNP 型管。

②判定发射极和集电极。

判定三极管的发射极（e）和集电极（c）。以 PNP 为例，将指针式万用表置于 Ω × 100 或 Ω × 1k 挡，红表笔基极（b），用黑表笔分别接触另外两个管脚时，所测得的两个电阻值会是一个大一些，一个小一些。在阻值小的一次测量中，黑表笔所接管脚为集电极；在阻值较大的一次测量中，黑表笔所接管脚为发射极。

③放大倍数的测量。

使用万用表 hFE 挡测量三极管的放大倍数。常见有三种型号的指针式万用表：MF47、MF85 和 MF368。测量方法如下：

MF47 型万用表：先转动开关至晶体管调节 ADJ 位置上，将红黑测试表笔短接，调节欧姆电位器，使指针对准零位；然后转动开关到 hFE 位置，将要测的晶体管管脚分别插入晶体管测试座的 ebc 管座内，指针偏转所示数值即为晶体管的直流放大倍数 β 值。NPN 型晶体管应插入 N 型管孔内，PNP 型晶体管应插入 P 型管孔内。

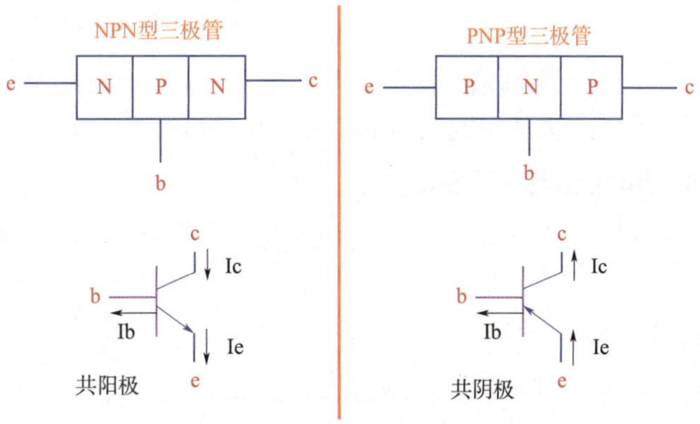

图 3-21　三极管管型及内部 PN 结

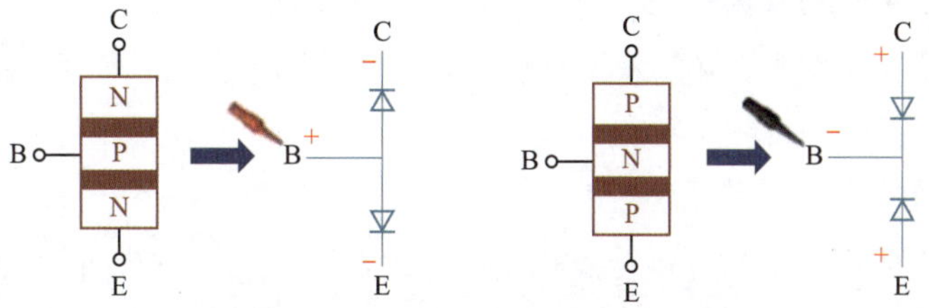

图 3-22　三极管基极判断及管型判断

MF85 型万用表：先将开关转动至欧姆“ × 10”挡，将红黑测试表笔短接，调节“Ω”旋钮，使指针在欧姆刻度线的零位上；然后转动开关到 hFE 位置上，将被测三极管插入相应的“PNP”或“NPN”ebc 管座内，即可读测。硅管 hFE 值从第五条的“Si”刻度线读数，锗管从第六条的“Ge”刻度线读数。

MF368 万用表：先将开关转动至欧姆“ × 10”（即 hFE 挡），将红黑测试表笔短接，调节“Ω”调节旋钮，使指针在欧姆刻度线的零位上；然后将被测三极管插入相应的“PNP”或“NPN”ebc 管座内，即可读测。硅管 hFE 值从第四条的“Si”刻度线读数，锗管从第五条的“Ge”刻度线读数。

（6）电流的测量

将表笔与被测电路串接，注意选择量程和正负极性。指针在满刻度时误差最小，取值时应使指针在刻度的 2/3 以上。

（7）电压的测量

将表笔并接在被测电压的两端，注意选择电量、量程和正负极性（不知电压时应选最高电压挡）。指针在满刻度时误差最小，取值时应使指针在刻度的 2/3 以上。

4. 使用万用表的注意事项

（1）万用表调零校准

使用万用表测量电阻前需进行双重校准：首先检查指针表机械零位（无被测电量时指针应归零，否则调整机械调零螺钉），随后进行电阻挡调零（指针表需短接黑红表笔并旋转调零旋钮使指针指向电阻零位；数字表则需执行零位校正，在 200 Ω 挡位短接表笔时显示值应小于等于 1 Ω，且测量小电阻值时需扣除表笔短接状态下的固有电阻值）。

（2）先选挡后测量

在测量某一电量时，不能在测量时换挡，尤其是在测量高电压或大电流时，否则，会毁坏万用表。如需换挡，应先断开表笔与电路的接触，换挡后再去测量。

（3）不可带电检测电阻器电容器等元器件

不能带电测量电阻器，以免损坏表头，应在测量前断开一切电源。测量大容量电容器前要充分放电，以防损坏万用表。

（4）不可手触表笔的金属部分

在使用万用表过程中，不能用手去接触表笔的金属部分，这样一方面可以保证测量的准确，另一方面也可以保证人身安全。

（5）指针式万用表的放置

指针式万用表在使用时，必须水平放置，以免造成误差。同时，还要注意避免外界电场对万用表的影响。

（6）用毕归位

指针式万用表使用完毕，应将转换开关置于“空挡”或“OFF 挡”。若表盘上没有上述两挡，可将转换开关置于交流电压的最大挡；数字万用表应关断电源。如果长期不使用，还应将万用表内部的电池取出，以免电池腐蚀损坏表内其他器件。

（7）握笔方法

测量时一般采用单手握笔，特别是测量高电压（如 AC 220 V）时。测量点较远时可用双手握笔。

3.2 电子产品制作安全教育

在掌握了电子产品制作的基本知识和工具使用方法后，接下来将聚焦于电子产品制作过程中的安全使用。电烙铁、万用表等工具不仅是连接电子元器件的桥梁，更是保障制作过程顺利进行的关键，然而，工具的使用往往伴随着一定的安全风险，因此，熟悉并遵守安全操作规范显得尤为重要。

1. 用电安全

（1）在使用电子产品制作设备前，要检查设备的电源线、插头等是否完好无损，有无破损、裸露的电线。若发现设备存在安全隐患，应立即停止使用，并报告指导老师进行维修。

（2）严禁湿手接触设备和电源插座，因为水是导体，湿手操作容易导致触电事故。在操作过程中，如需要接触电器设备，应确保手部干燥。

（3）当电路发生故障或设备出现异常发热、冒烟等情况时，应立即切断电源，切勿盲目操作，防止发生火灾或更严重的安全事故。

2. 工具使用安全

（1）使用电烙铁时，要注意防止烫伤。电烙铁在加热后温度很高，不要用手触摸烙铁头，也不要将电烙铁随意放置在桌面上，以免烫伤自己或他人，使用完毕后应及时将其放回烙铁架。

（2）在使用剪刀、镊子等尖锐工具时，要小心操作，避免划伤手指。不用时应将尖锐工具妥善放置，防止意外伤人。

（3）使用万用表等检测工具时，要按照正确的操作流程进行，避免因操作不当而损坏仪器设备。同时，在测量高电压、大电流时，要确保仪器的量程足够，防止仪器损坏和发生触电危险。

3.3　任务安排与实施

本节将围绕“心形流水灯制作”和“焊接造型设计创意拓展”这两项具体任务展开，详细阐述任务的功能介绍、元器件清单、元器件的检测与识别、焊接步骤及注意事项等内容。通过制作心形流水灯，学生将亲身体验从元器件识别到电路焊接的全过程，加深对电子产品制作流程的理解。此外，本节还鼓励学生在掌握基本技能的基础上进行创意拓展，展现艺术与科技的融合之美。

3.3.1　心形流水灯制作

1. 功能介绍

本产品将 12 只七彩 LED 灯分成两组，排列成一个心形图案。通电后 LED 灯组成的心形图案不断按顺时针方向旋转闪亮，极富动感，可用于房间装饰、夜行提示等。图 3-23 所示为心形流水灯印制电路板的正反面。

供电电压：DC 3 V~DC 5 V；印制电路板尺寸：38 mm × 40 mm。

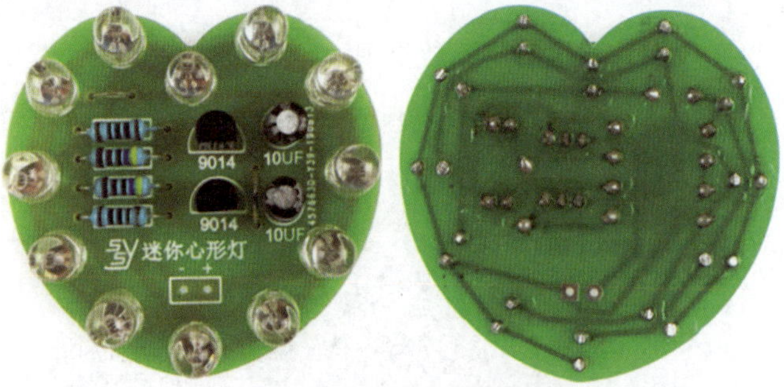

图 3-23　心形流水灯正反面

2. 元器件清单

元器件清单见表 3-1。

表 3-1　元器件清单

元器件名称	数量 / 个
电阻器（100 Ω）	2
电阻器（4.7 kΩ）	2
三极管（9014）	2
电解电容器（100 μF）	2
5 mm 器材 LED	12
PCB 板	1

3. 元器件的检测与识别

图 3-24 所示为套件内的元器件，参照 3.1.1 小节的内容，学会识别并检测套件内的色环电阻器、电解电容器、发光二极管、三极管等元器件。

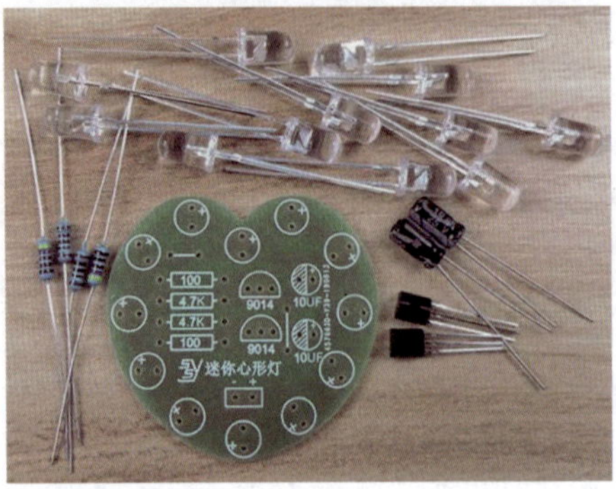

图 3-24　元器件的检测与识别

4. 心形流水灯的焊接

（1）先焊接三个 LED 灯，呈三角形，三足鼎立形成一个平面，方便后续焊接。

（2）遵循先内后外的原则，先焊中间的电阻器、三极管、两个跨接线、电解电容器，再焊周围的二极管，方便操作。

（3）焊接电源线。

（4）焊接完成后装入两节 5 号电池，看点亮效果。

（5）如果有没亮的 LED 灯，检查跨接线是否连接，各焊点是否焊实，如有虚焊脱焊等情况，可适当补焊。

图 3-25 所示为心形流水灯焊接的实际效果图。

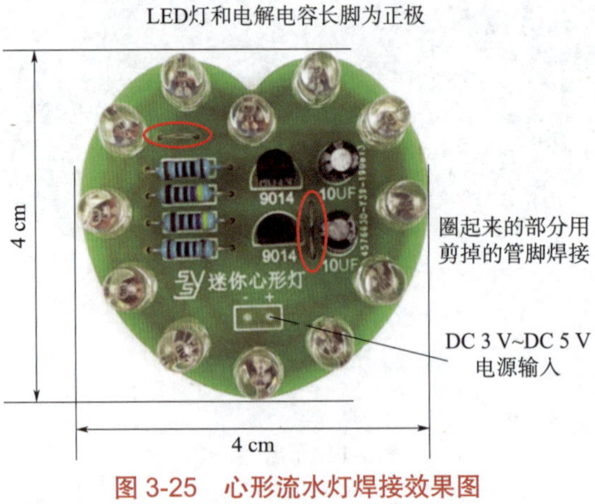

图 3-25　心形流水灯焊接效果图

5. 注意事项

（1）电阻器无正反，有不同阻值；有黄色色环的（4.7 kΩ）两个电阻器在中间；有褐色色环的（100 Ω）两个在两端。

（2）三极管平面对自己，弧面在背面；三个管脚从左到右分别是 e、b、c（发射极、基极、集电极）。

（3）电解电容器，长正短负；容量为 100 μF。

（4）发光二极管，长正短负。

（5）电池盒注意正反标识。

（6）两条跨接线，用剪下的多余管脚焊接。

（7）安装时，注意保护元器件本体部分，分开管脚时，尽量轻柔，不要生硬猛掰，不要把根部掰断了，注意正反。

（8）焊接每一个元器件前，务必检查明确元器件种类、型号、正反，正确无误后再焊接，焊接一个完成后用偏口钳剪去多余管脚。

（9）焊接时间不宜过长，以免烫坏元器件。

（10）务必注意安全，谨防烫伤。

3.3.2 焊接造型设计创意拓展

同学们可以在熟练掌握电烙铁手工焊接技术的基础上，发挥艺术想象，利用铁丝、螺母等废旧材料进行创意图案的焊接设计，展现艺术和科技的奇妙融合，焊接如爱心、星星、动物、自行车等不同的作品，图 3-26 所示为创意焊接图案设计展示，图 3-27 为学生创意焊接作品实物。

图 3-26 创意焊接图案设计展示

图 3-27 学生创意焊接作品

3.4 成果展示及教师评分

在电子产品制作的劳动过程中，各小组需严格按照 4 个课时规划推进，通过科学的时间管理与工序分配确保项目高效落地。劳动成果展示时，各组需重点关注三大核心环节：一是以照片为载体建立过程档案，制作过程中对作品细节与操作场景进行多角度记录，为成果溯源与质量追溯提供依据；二是强化团队协作，通过岗位分工（如设计员、操作员、记录员）实现流水化作业；三是严格执行工艺标准，从切割精度到组装稳固性均需通过自检和互查。这些实施细节不仅保障了电子产品的最终品质，更为教师客观评价提供了可视化评分依据，实现过程管控与结果考核的有机统一。

3.4.1 课程说明与展示要求

1. 劳动时长与课时安排

本次电子产品制作实践课程共计 4 个课时，在老师的指导下，涵盖从材料准备、加工制作到成品完善的全流程操作环节。各小组需听从指导老师的要求，合理规划每个课时的任务安排，确保在规定时间内高质量完成既定目标。

2. 照片记录要求

在本次电子产品制作实践过程中，建议大家进行拍照记录。拍照记录具有双重重要意义，一方面，它能够为同组同学定格下共同参与劳动的美好瞬间，成为日后珍贵的回忆；另一方面，也为任课老师提供了直观、清晰的评分依据，有助于老师更全面、准确地评估各小组的实践成果。

（1）记录内容

劳动成果展示：每个课时结束后，小组成员需对当前课时的电子产品制作成果进行全方位、多角度拍照记录。照片应清晰呈现作品的外观细节、结构特点、工艺水平等关键要素，确保老师能够直观、准确地评估作品的完成度与质量。

工作场景记录：拍摄记录本组组员在电子产品制作操作台前进行实际操作的场景照片。照片应包含组员专注工作的神情、使用的工具设备、操作的动作规范等内容，以体现组员的实践参与度和团队协作精神。

（2）照片质量与数量

质量要求：照片无强制性的专业设备或高规格打印要求，但必须保证图像清晰，能够清晰辨认作品细节和人物面部特征，确保老师能够清晰明了地查看照片内容。

数量要求：用于记录每个课时劳动成果的照片数量不设上限，鼓励小组根据实际情况充分记录，以全面展示工作过程和成果。但需注意避免拍摄大量重复、无实质内容的照片，提高照片的有效性和针对性。

（3）照片整理与提交

打印与装订：所有照片需在课程结束后统一打印成纸质材料。打印时，应选择合适的纸张规格和质量，确保照片易于查看和保存。打印完成后，按照课时顺序将照片进行整理装订，形成完整的课时照片集。

成果展示标注：将装订好的照片集张贴至后续指定的成果展示小节中。在照片集封面或醒目位置，清晰标注小组名称、课程名称、完成日期等基本信息。同时，在每张照片下方或合适位置，用简洁明了的文字说明照片所对应的课时、记录内容（如作品名称、操作环节等）。

3.4.2　成果展示

小组信息及成员劳动占比、成果展示请记录在表 3-2 和表 3-3 中。

表 3-2　小组信息及成员劳动占比

项　目	内　容	
	姓　名	劳动占比（总 100%）
组　长		
组　员		
班　级		
组　别		

笔记栏

表 3-3　成果展示单

劳动时间（年 / 月 / 日）	成果展示	劳动内容
	（照片粘贴处）	

续上表

劳动时间 （年 / 月 / 日）	成果展示	劳动内容
	（照片粘贴处）	

续上表

劳动时间 （年/月/日）	成果展示	劳动内容
	（照片粘贴处）	

续上表

劳动时间（年 / 月 / 日）	成果展示	劳动内容
	（照片粘贴处）	

续上表

劳动时间（年/月/日）	成果展示	劳动内容
学生实践收获与感想		
教师总体评分		

第4章 编筐

手工编筐这门古老而充满生命力的传统技艺，以其独特的自然材质与精湛工艺，生动诠释了中华造物文化中“天人合一”的哲学智慧。作为大学生劳动教育的特色实践项目，它具有多重育人价值：从选材处理到编织成型，让学生在亲身实践中触摸传统文化的温度，领悟“格物致知”的深刻内涵；通过经纬交织的创造性劳动，培养学生专注品质与工匠精神，收获“劳动创造美好”的真切体验；鼓励传统工艺与现代设计的融合创新，激发学生的创造性思维。让传统技艺成为连接历史与未来的文化桥梁，使劳动教育成为滋养心灵、启迪智慧的成长课堂。

知识导图

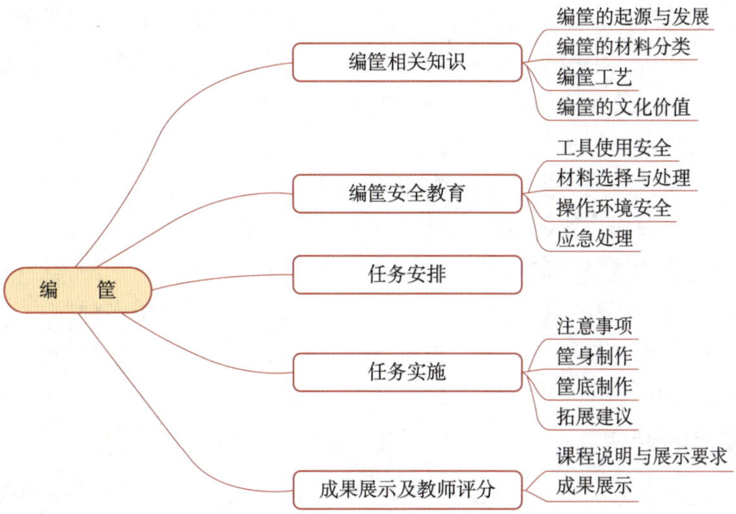

学习目标

（1）培养劳动技能和动手能力。通过手工编筐，大学生可以学习到编织的基本技能，提高他们的动手能力和实际操作能力。这种实践不仅能够帮助他们掌握传统手工艺，还能增强他们在现代生活中的实用技能。

（2）提升专注力和创造力。编织过程中需要高度的专注和细致的操作，这有助于提升学生的专注力和创造力。通过实践，学生可以在动手中思考和创新，提升自己的思维能力和解决问题的能力。

（3）增强环保意识。使用废旧材料进行手工编筐，可以让学生意识到资源的循环利用和环保的重要性。通过实践活动，学生可以深刻理解“变废为宝”的理念，增强他们的环保意识和可持续发展观念。

4.1 编筐相关知识

手工编筐作为一项跨越千年的传统工艺，在现代社会焕发着独特的文化魅力，常见手工编筐作品展示如图 4-1 所示。手工筐不仅是实用的生活器具，更是承载着东方美学智慧的活态文化遗产。这些由天然材料编织而成的器物，以其质朴的肌理和温润的质感，提醒着现代人重拾与自然的联结，在机械复制的时代里守护手工创造的独特价值。每一件手工筐都是匠人双手与自然材料的对话，承载着对传统工艺的敬意，也寄托着对品质生活的追求。

图 4-1 常见手工编筐作品展示

4.1.1 编筐的起源与发展

1. 手工编筐的起源

据考古资料证明，旧石器时代的早期人类开始定居生活后，便从事简单的农业和畜牧业生产，所获的米粟和猎取的食物稍有剩余，为了不时之需，就把食物及饮水存放起来。这时候便就地取材，使用各种石斧、石刀等工具砍来植物的枝条编成篮、筐等器物盛放食物。

手工编筐在不同文化中有着不同的历史背景和应用，在阿纳萨齐文化（北美西南部史前文明）中，编筐文化在公元前 100 年左右开始兴起，阿纳萨齐人发展了杰出的纺织技术，并在数百年间以“编筐文化”著称。公元 400 年左右，他们开始居住在半地下的地穴式永久性住所中，并在继续编筐的同时发展了制陶技术。在中国，手工编筐的起源也可以追溯到旧石器时代早期，人类在采集作物的过程中开始制作各种容器和包装物，他们选用有韧性的植物（如柳条），借助初步掌握的编制技巧，制作出实用的柳编产品。到了新石器时代，编织工艺已经相当精巧，出现了“人”字形、“十”字形以及菱形、梅花形等多种样式，器物种类也愈发丰富，如篓、篮、箩、筐等。柳编工艺在新石器时代已经相当成熟，并在各个朝代中不断发展，成为日常生活中不可或缺的生活器具。

2. 手工编筐的发展

中国编筐技艺历史悠久，手工编筐的制作工艺和技术也经历了长时间的发展和完善。

在实践中，人们发现竹子开裂性强，富有弹性和韧性，而且能编易织，坚固耐用。于是，竹子便成了当时器物编制的主要材料。中国的陶器也始于新石器时代，它的形成与竹编的编制密切相关，先人在无意中发现涂有黏土的容器经火烧过后不易透水，可以盛放液体。于是以竹藤编制的篮筐作为模型，再在篮筐里外涂上糊泥，制成竹藤胎的陶培。在火上烘烤制成器具。后来人们直接用黏土制成各种成形的胚坮，就不再使用竹编。但是人们还是对竹藤几何图形十分喜爱，便在陶培半干状态时在其表面拍印上模仿篮、筐、席等编织物的纹样作为装饰。

（1）竹编

在殷商时期，竹藤的编织纹样丰富起来。在陶的印纹上出现了方格纹、米字纹、回纹、波纹等纹饰。到了春秋战国时期，竹的利用率得到扩大，竹子的编织逐步向工艺方面发展，竹编图案的装饰气味越来越浓，编织也日见精细。战国时期还出了一位致力于竹编技艺研究的人，他就是泰山。战国时期的楚国编织技法已经十分发达，出土的有竹席、竹帘、竹笥（即竹箱）、竹扇、竹篮、竹篓、竹筐等，多达百余件。

秦汉时期的竹编沿袭了楚国的编织技艺。1980 年我国考古工作者在西安出土的“秦陵铜马车”底部铸有方格纹，据专家分析，这些方格纹就是根据当时竹编席子编织的方格纹翻铸的。《后汉书》记载：“永宁金门山竹厚薄均，断其两节，间而吹之，可应凤凰之鸣。”这里的“永宁”即河南省洛宁。自古以来，洛宁就以竹、麻、桑的种植和加工而出名。此外，竹编也被能工巧匠们制成小孩的玩具。灯节活动自唐代以来就在民间流传，至宋代已经十分流行。一些达官贵人往往会请制灯艺人创制精致的花灯。其中一种就是以竹篾扎骨，在外围糊上丝绸或彩纸。有的还用竹丝编织作为装饰。竹编工艺品如图 4-2 所示。

图 4-2 竹编工艺品

明代初期，江南一带从事竹编的艺人不断增加，游街串巷上门加工。竹席、竹篮、竹箱都是相当讲究的工艺竹编。益阳的水竹凉席便创始于元末明初。明代中期，竹编的用途进一步扩大，编织越来越精巧，还和漆器等工艺结合起来，创制了不少上档次的竹编器皿。如珍藏书画的画盒、盛放首饰的小圆盒、安置食品的描大圆盒等。“褐漆竹编圆盒”是明代官宦人家使用的一种竹编圆盒。明清时期，特别是乾隆以后，竹编工艺得到全面发展。

19 世纪末至 20 世纪 30 年代，中国南方各地的工艺竹编蓬勃兴起。竹编技法和编织图案得到完善，汇集起来已经有 150 余种编织法。1937 年后，在侵华日军的铁蹄下，竹编艺人们纷纷放下手中的篾刀从事他业，只有少数艺人流落在破庙旧庵继续这门竹编工艺。

抗日战争胜利以后，中国的竹编工艺逐渐复苏。20 世纪 50 年代以后，竹编艺术开始名正言顺地归口到工艺美术行业，进入了艺术的殿堂。技艺高超的竹编艺人也大量涌现，有的还被评上了“工艺美术师”“高级工艺美术师”的技术职务，获得了“中国工艺美术大师”“中国竹工艺大师”的荣誉称号。1990 年以后，浙江嵊州、四川省青神县和渠县先后被评为“中国竹编之乡”。进入 21 世纪以后，竹编工艺渐渐失去市场竞争力而出现滑坡，其编织技艺成了“非物质文化遗产”。然而，也有不少竹编艺术家仍在孜孜不倦地追求新的艺术，新的作品在缓缓冒尖。

（2）柳编

柳编是中国民间传统手工艺品之一，柳编的起源可追溯到旧石器时代早期，原始人采用有韧性的植物，借助初步掌握的编制方法，制作出不同类型的柳编产品。在新石器时代就出现用柳条编织的篮、筐，从奴隶社会到战国时期，柳编就已经在人们生活中普遍使用，历经各个朝代成为人们日常生活中不可缺少的生活器具之一。春秋战国时期，用柳条编成杯、盘等，外涂以漆，称为杯棬。唐代，沧州（今河北沧州和山东宁津以北地区）柳箱已很著名。宋代，人们取杞柳的细条，"火焙令柔曲，作箱箧。此后，柳编工艺不断发展。传统的柳编品种主要有衣箱、笸箩、簸箕等。1960 年以来，中国柳编工艺品开始出口，生产有了较大发展。

柳编制品是我国民间广泛流传的手工艺品，"编筐、编篓，家家都有。"图 4-3 所示为柳编作品。柳编工艺的原料来源十分广泛。北方用于编筐编篓的主要原料有柳枝、柽柳枝、桑条、荆条、紫穗槐条等多种，在盐碱地和沼泽地都有出产。

图 4-3　柳编作品展示

柳编技艺是在长期的劳动实践中产生和发展的，每件工艺品的创作过程与流传过程，是在共同劳动的基础上形成的。与一般的传统艺术相比，柳编造型观念的主观性更加突出，是民间实用技术和民间工艺美术的有机结合，也是实用性与审美的有机结合。

利用冬闲，工作一季，其主要产品均为服务于农村农业生产和农家日常生活的各种器皿工具。主要柳编生产工具有箩筐、簸箕、水斗、笆斗、大车拦箔、小车偏篓、粪箕、粮囤仓围、柳条帽等。主要柳编生活用品有柳条箱（包）、饭篮、菜篮（圆形、椭圆形）、笊篱、针线笸箩、炕席、苇箔等。尤其是日用品类，编制工艺比较细致考究。选择细滑而韧性强的枝条（桑条较佳），泡制加工成洁白如玉的细柔条料，编制时勤编紧密，条缕均匀。如妇女用的针线笸箩、花篮等物，有时用染过色的破篾或高粱皮缠边，织出十字形或口字形几何花纹，十分美观。即使食篮、筐等粗料，有时用带皮青柳条与剥皮白条相穿插，编成立体纹样，也很美观。

4.1.2　编筐的材料分类

1. 自然材料

自古以来，编筐的主要材料就是各种自然材料。这些材料源自大自然，环保且可持续，同时也赋予了筐独特的质感和美感。

（1）竹子

竹子是编筐最常用的材料之一。它优异的弹性和耐久性，使得竹编筐既结实又耐用。此外，竹编筐还具有一种自然的韵味，深受人们喜爱。竹子轻盈、坚固、耐用，适合制作各种大小的篮子。竹子在南方比较常见，可以就地取材，经济实惠。楠竹是编织箩筐的最佳材料，因其生长迅速，材质优良，具有坚而不硬、柔而不折的特性。

(2) 藤条

除了竹子，藤条也是编筐的常用材料。它和竹子一样自然环保，并且强韧耐用。用藤条编的筐子有一种古朴的美感，现在多用于家居装饰。藤条柔韧性强、颜色鲜艳，常用作编织篮子的辅助材料。其颜色鲜艳的特点使得藤条编织的篮子更具装饰性。

(3) 柳条

柳条坚固耐用、美观大方，是所有材料中较好的选择。常用于编织精细的小物件，如针线筐等，柳条编织的物件轻巧且美观，但不如荆条耐用。

(4) 荆条

荆条耐干旱、耐瘠薄、适应性强，枝条细长坚韧，富有弹性，是北方常用的编织材料。适合制作各种家居用品如篮子、筐子。用荆条编织的器具结实耐用，但相对较重。

(5) 稻草、麦秆

在某些地区，人们也使用稻草、麦秆等农作物剩余物来编织筐子。这些材料虽然不如竹子和藤条那么强韧，但它们便宜且易得，编织出的筐子有一种独特的乡村风格。

2. 合成材料

随着科技的发展，越来越多的合成材料也被用于编筐子。这些材料往往更加耐用、轻便，并且颜色丰富，给编织工艺带来了新的可能。

(1) 塑料

塑料因其耐用、防水和易于清洗的特性，被广泛应用于各种筐子的制作中。它们比传统的竹编或藤编筐子更轻便，颜色也更加丰富。而且，塑料筐子的形状和设计也更加多样化，能满足不同的使用需求。

(2) 仿竹藤

仿竹藤常用于编织各种收纳筐，具有竹子的外观和质感。具体操作时，可以将仿竹藤剪成所需长度，然后采用压一挑一的编织方法进行编织。

(3) 布料

布料也是常见的编筐材料，尤其适用于制作布料收纳筐。可以选择防水且结实的布料，如防水牛津布和米色帆布等。布料编筐的尺寸可以根据需要调整。

(4) 纸条

纸条是一种经济实惠的编筐材料，适用于制作各种形状的收纳筐。

总的来说，编筐子的材料多种多样，既包括自然环保的竹子、藤条，也包括现代的合成材料如塑料等。这些材料各有优缺点，可以根据个人需求和喜好来选择。无论哪种材料，都能够编织出既美观又实用的筐子，满足我们的日常需求。这些材料和工具的选择可以根据具体的编织需求和个人喜好来决定，每种材料都有其独特的外观和用途，适合不同的编织项目。

4.1.3　编筐工艺

手工编筐可以使用多种不同的材料，每种材料都有其独特的工艺和特点。本小节以最具有代表性的竹编和柳编为例来介绍编筐工艺。

1. 竹编工艺

竹编工艺大体可分起底、编织、锁口三道工序。在编织过程中，以经纬编织法为主。在经纬编织的基础上，还可以穿插各种技法，如：疏编、插、穿、削、锁、钉、扎、套等，使编出的图案花色变化多样。需要配以其他色彩的制品就用染色的竹片或竹丝互相插扭，形成各种色彩对比强烈、鲜艳明快的花纹。竹编作品如图 4-4 所示。

图 4-4 竹编作品展示

竹编工艺可分为细丝竹编工艺和粗丝竹编工艺（瓷胎竹编工艺和无瓷胎竹编工艺）。

（1）细丝竹编工艺（瓷胎竹编工艺）

瓷胎竹编技艺独特，以精细见长，具有“精选料、特细丝、紧贴胎、密藏头、五彩图”的技艺特色。在制作过程中全凭双手和一把刀进行手工编织，让根根竹丝依胎成形，紧贴瓷面，所有接头之处都做到藏而不露，宛如天然生成，浑然一体。细丝竹编作品如图 4-5 所示。

图 4-5 细丝竹编作品

瓷胎竹编工艺使用的竹材是经过严格挑选的产自成都的特长无节瓷竹，经过破竹、烤色、去节、分层、定色、刮平、划丝、抽匀等十几道工序，全程手工操作，制作出精细的竹丝。竹编所用竹丝断面全为矩形，在厚薄粗细上都有严格要求，厚度仅为一两根头发丝厚，宽度也只有四五根发丝宽，根根竹丝都通过匀刀，达到厚薄均匀，粗细一致，观者无不赞叹其难。瓷胎竹编产品只使用竹材表面一层，纤维十分致密，同时进行了特殊的处理，能够耐干燥、不变形、不虫蛀、耐水可清洗。瓷胎竹编经过悠久的历史演变，从日常生活用品到工艺品再到收藏品，它们的造型多变，装饰特色富有形式感和节奏感，带给人们独特的审美体验。

（2）粗丝竹编工艺（无瓷胎竹编工艺）

粗丝竹编工艺是指用竹条篾片编成的生活用具和观赏陈设品的竹编工艺。制作过程是先将竹子剖削成粗细匀净的篾丝，经过切丝、刮纹、打光和劈细等工序，编结成各种精巧的生活日用品，如竹篮、果盒、屏风、门帘、扇子等。粗丝竹编工艺品主要在我国南方地区盛产。东张镇作为福清市的五大历史古镇之一，有着悠久的历史和丰厚的民间传统文化的积淀，因所处地理位置的特殊性，竹种资源丰富，有淡竹、水竹、毛竹等许多种类。主要产品有竹编凉席、凉枕、扇、箩、筐、篮、箕畚、摇篮等。

细丝竹编强调精致和技法，而粗丝竹编则注重实用与美观结合，各具特色和技法，体现出不同地区文化的多样性。

2. 柳编工艺

柳编生活用品有柳条箱（包）、饭篮、菜篮（圆、椭圆）、笊篱、针线笸箩、炕席、苇箔等，图 4-6 所示为柳编洗衣筐。柳编工艺的主要技法有平编、纹编、勒编、砌编、缠边五种。

图 4-6　柳编洗衣筐

（1）平编

平编工艺的特点是经纬交织，互相穿插掩映，可以挑一压一，也可以挑二压二、挑一压二、挑二压一，从而形成不同的交叉编织纹样。苇编席箔先将苇子压制成平面的片材，再行编织，也多取平编工种。其他的高粱皮编织、竹篾编织、蒲草编织，也是以平编为主。柳条编织用平编的倒反而不多。

（2）绞编

绞编也是以经纬编压为主要特点的工艺。它和平编的不同之处是在经编方面，平编的经纬相同，同时动作，往前编织；而纹编则先编排好经桩，经桩可以是绳，是条子，是竹竿，甚至是铁丝，然后以编条（柳、槐、篾）交叉上下穿行于经桩上下，循环绕行。编成后的效果，表面全为纬编所掩盖，不露经条。绞编要求编纬的条子要比较柔软，有韧性，故常用于蒲草、细柳、桑条编织。

（3）勒编

勒编是传统的柳条编结工艺。用勒编做成的器物一般称为“系货”。其法以麻绳作经，以柳条作纬，麻绳互相交错穿过柳条间，穿一次，绕扣勒紧，通常民间所见簸箕、笆斗、箩筐、柳条包等，均以此法编结主体部分。勒编器物的边缘，常需另行编板、把或框子，以使周边整齐，不致散落。

（4）砌编

砌编是传统手工编织的常见工艺之一。用砌编工艺制成的器物一般称为“砌货”。其法多被用于圆形器物的编制，方法是将编结物聚合成束，然后用较结实的篾片，将这些把束穿起来。民间常用的墩子、饭篓、字纸篓等均用此工艺做成。

（5）缠边

缠边是条编的辅助工艺，必不可少，其主要用于条编器具的边沿、把手部分，缠边工艺如图 4-7 所示。其法多以坚硬的材料为芯，在芯的外面，用柔软的条子（藤皮、塑料带、篾皮等）按一定方向缠绕，一方面使之固定，另一方面起到表面装饰效果。缠边可以用单条或多条，单条排列整齐，效果朴实大方；多条可以用各种色彩的材料，缠绕时可以编出花纹图案。可见于腊杆家具、柳编制品及屏风等的包边和衔接部。

图 4-7　缠边工艺

4.1.4 编筐的文化价值

手工编筐作为一项传承数千年的传统手工艺，其魅力在于将实用功能与文化内涵完美融合。这项技艺以自然材料为载体，以手工编织为语言，讲述着中华文明的独特故事。

从文化传承角度看，手工编筐是活态的非物质文化遗产。不同地域发展出各具特色的编织技法：北方粗犷的柳编、南方精巧的竹编、西南民族特色的藤编，共同构成了丰富多彩的编织文化版图。这些技艺通过师徒相授、家族传承的方式延续至今，成为连接古今的文化纽带。

在工艺美学层面，手工编筐体现了“道法自然”的东方哲学。匠人们顺应材料的天然特性，通过经纬交织的编织语言，创造出既实用又美观的器物。其造型往往暗合天圆地方的宇宙观，纹样则承载着吉祥寓意，展现出独特的东方审美趣味。

手工编筐正焕发新的生命力。它不仅是传统文化的载体，更成为现代设计的灵感源泉。从家居装饰到艺术创作，从环保包装到时尚配饰，传统编织技艺正在与当代生活碰撞出创新的火花。这种跨越时空的对话，让古老技艺持续绽放时代光彩。手工编筐的魅力，最终在于其传递的手作温度与文化记忆。每一件手工编织品都是匠人心血的凝结，都讲述着一个关于自然、传统与创新的生动故事。

4.2 编筐安全教育

手工编筐的安全教育核心在于工具使用规范和材料处理注意事项，以下是关于手工编筐安全教育的详细指南，涵盖工具使用、材料选择与处理、操作环境安全及应急处理等方面，帮助同学们安全地进行手工编筐活动。

4.2.1 工具使用安全

1. 编织工具操作

编织工具主要包括剪刀、刀具、锥子等。

（1）使用前检查工具是否完好，刀刃无松动或锈蚀。保持工具干燥清洁，防止因锈蚀或污渍导致操作打滑。

（2）切割时方向朝外，远离身体和他人，保持手指远离刃口。使用剪刀、钩针等工具时，避免尖锐部分朝向自己或他人，防止划伤。

（3）传递工具时手柄朝向对方，禁止抛掷。

（4）使用后立即收纳至专用工具箱，避免随意放置。

2. 辅助工具

辅助工具主要包括钳子、锤子等。

（1）固定材料时使用夹子或工作台，避免徒手操作。

（2）敲打时戴防护手套，防止砸伤手指。

4.2.2 材料选择与处理

（1）天然材料（藤条、竹篾、柳条等）浸泡软化时佩戴橡胶手套，防止毛刺扎手。

（2）修剪尖锐末端，避免编织后筐体留有突出硬刺。

（3）霉变或虫蛀的材料需丢弃，防止过敏或感染。

（4）裁剪时使用专用剪刀，禁止徒手撕扯，防止纤维断裂飞溅伤眼。

4.2.3 操作环境安全

1. 工作区域

（1）保持桌面整洁，及时清理碎屑和废料，防止绊倒或划伤。

（2）确保照明充足，避免因光线不足导致误操作。

（3）远离易燃物（如纸张、布料），禁止在作业区吸烟。

2. 姿势与时长

（1）坐姿端正，背部挺直，避免长时间弯腰导致肌肉劳损。

（2）每 30 min 休息一次，活动手腕和颈部，预防腱鞘炎。

4.2.4 应急处理

1. 轻微割伤

立即用清水冲洗伤口，碘伏消毒后贴创可贴。若伤口较深或出血不止，应及时就医。

2. 材料入眼

勿揉搓眼睛，用生理盐水或清水冲洗，严重时应及时就医。

3. 工具误伤他人

（1）保持冷静，第一时间止血并呼叫医疗帮助。

（2）课后工具统一收纳，禁止随意放置尖锐物品。

安全教育需贯穿材料准备、工具使用、编织操作全流程，重点防范机械伤害和材料处理风险。通过规范操作和预防措施，手工编筐可以成为一项既安全又愉悦的创作活动。建议同学们在专业指导下练习，逐步掌握技巧。

4.3 任务安排

本节围绕“手工编筐劳动作品”的创作要求、“手工编筐劳动任务书”及详细步骤三大核心模块展开，以手工编织南瓜筐为载体，强化”无废创作”意识与美学表达的认知，培养工匠精神与系统思维。

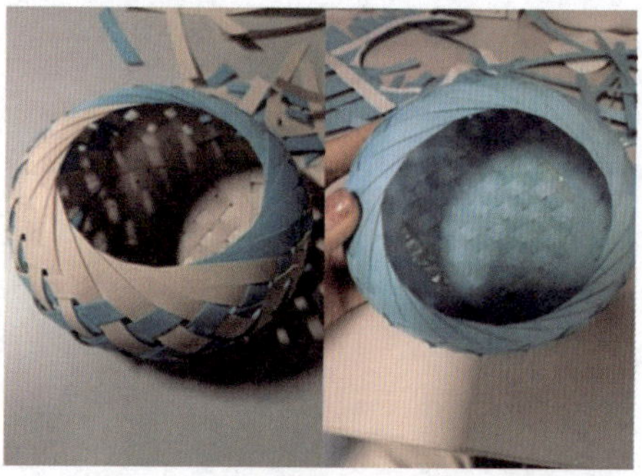

图 4-8　手工编织南瓜形收纳筐

1. 手工编筐劳动作品

利用环保 PP 塑料编织带，手工编织南瓜形收纳筐，如图 4-8 所示。

2. 手工编筐任务目标

手工编织一个小型的收纳筐，仿南瓜形态，饱满圆润，兼具实用性与装饰性。可作为收纳筐、果盘使用，可以插花和种花，作为创意家居装饰品。采用环保 PP 塑料编织带，色彩丰富，坚固耐用。

3. 编筐材料准备

编筐所用的主要材料及工具如图 4-9 所示。主要包括：PP 编织带（颜色可选，可单一颜色，也可以主色 + 配色）、细线（用于定型）、剪刀、双面胶或胶水、卷尺。

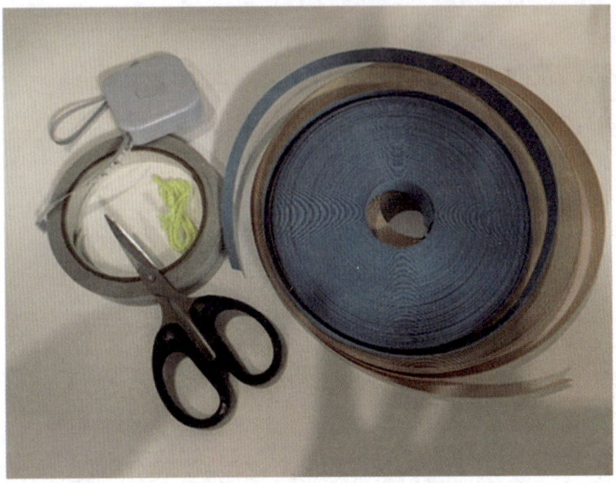

图 4-9　编筐材料及工具

4.4 任务实施

在明确手工南瓜筐的制作要求、工艺标准及材料准备后，任务实施阶段成为将理论转化为实践的关键环节。本节将按照编织工序，依次进行材料裁剪、捆扎、编织等步骤。

4.4.1 注意事项

（1）操作时要耐心、细心，避免步骤错误。

（2）注意力度的控制，拉紧时防止材料断裂。

（3）使用剪刀时，需保持安全距离。

（4）如需对南瓜筐清洁，使用湿布擦拭即可。

（5）存放南瓜筐时，需避免重压致其变形。

4.4.2 筐身制作

南瓜筐筐身采用压一挑一法编织，其具体制作步骤如下：

（1）取 20 根 PP 编织带（长度 60 cm）。

（2）如图 4-10 所示，将 20 根编织带分成 4 组，每组 5 根，用细线在中心扎紧固定。

（3）如图 4-11 所示，将第一组编织带从左至右扇形排开。

（4）如图 4-12 所示，第二组也依次扇形排开，拿起第二组的左边第一根去“挑”第一组的左边第一根，第二组左边第二根“挑”第一组的左边第二根，以此类推，采用压一挑一编织法，将第一组和第二组编到一起。

（5）如图 4-13 所示，同样的方法第三组挑压第二组，第四组挑压第一组的另外一端，形成闭环。

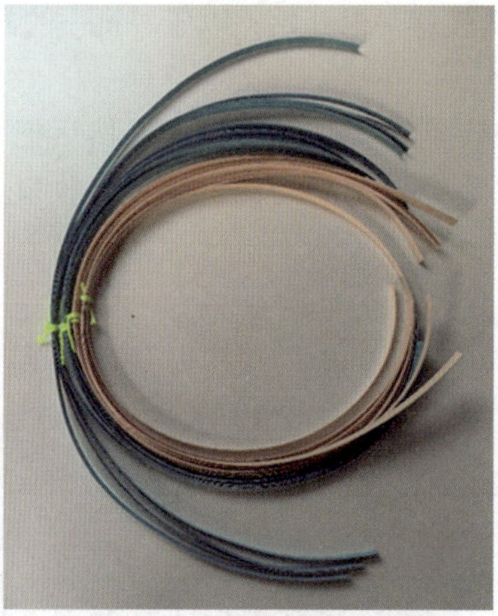
图 4-10 4 组编织中间扎紧

图 4-11 第一组编织带扇形排开

图 4-12 第一组和第二组编织带编到一起

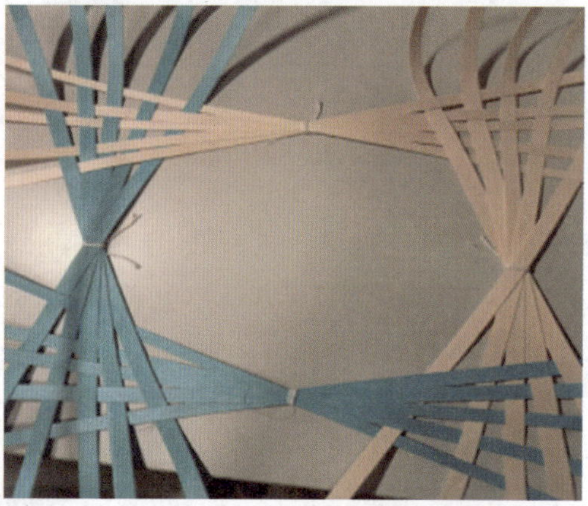
图 4-13 四组编织带编织成闭环

（6）如图 4-14 所示，解掉中间的捆扎细线，将口收紧收圆。检查时保证每一处交叉点都是向左的编织带压住向右的编织带。

（7）如图 4-15 所示，把其中一个方向的编织带捡起来，数一下刚好十根，并用细线扎紧。

图 4-14 收紧圆口

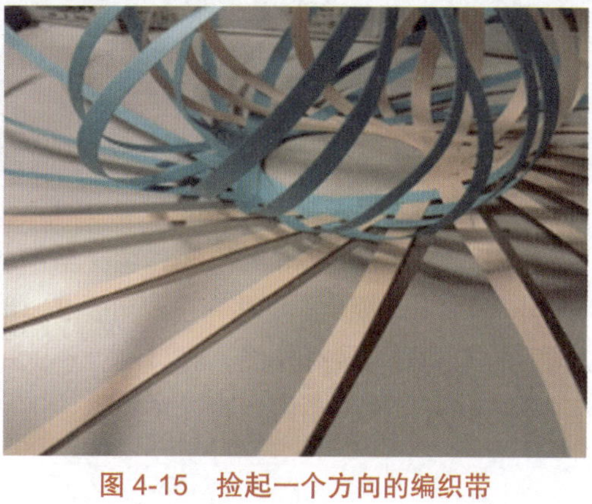
图 4-15 捡起一个方向的编织带

（8）如图 4-16 所示，另外的 10 根编织带，从任意一根开始，以压一挑一的方法编织。

（9）顺时针方向编织三圈。

（10）如图 4-17 所示，编织第三圈时把编织带别在筐身外侧固定，然后把之前捆绑的细线解开。将解开的 10 根编织带以压四的编织法编入筐身内侧，插紧，收口。筐身编织完成。

图 4-16　编织筐身

图 4-17　筐身收口

4.4.3　筐底制作

（1）取 20 根编织带（长度 15 cm），分成两组。

（2）以压一挑一的编织方法编好底部，如图 4-18 所示。

（3）底部四周贴上一圈双面胶。

（4）按照筐底的尺寸，用剪刀修剪成近似圆形，如图 4-19 所示。

图 4-18　编织筐底

图 4-19　修剪筐底

（5）利用双面胶把修剪好的筐底和筐身粘上。

（6）外部收口，拔出之前别在筐身外侧的 10 根编织带，如图 4-20 所示，将它们顺着方向，以压四的方式编入筐身外侧，收口。

（7）调整疏密，使整个南瓜筐松紧一致，饱满对称，作品完成，如图 4-21 所示。

图 4-20 准备收口

图 4-21 作品完成

4.4.4 拓展建议

可尝试六角形筐体和其他形状框体，或者添加提手和筐盖，编织花纹、图案等。

可尝试使用回收打包带替代 PP 带。

4.5 成果展示及教师评分

在手工编筐劳动过程中，每位同学按照 4 个课时规划推进劳动实践，通过科学的时间管理与工序分配确保项目高效落地。劳动成果展示时，各位同学需重点关注两大核心环节：一是以照片为载体建立过程档案，编织过程中对作品细节与操作场景进行多角度记录，为成果溯源与质量追溯提供依据；二是按照详细步骤操作。这些实施细节不仅保障了手工编筐的最终品质，更为教师客观评价提供了可视化评分依据，实现过程管控与结果考核的有机统一。

4.5.1 课程说明与展示要求

1. 劳动时长与课时安排

手工编筐实践课程共计 4 个课时，在老师的指导下，涵盖从材料准备、加工制作到成品完善的全流程操作环节。同学需听从指导老师的要求，合理规划每个课时的任务安排，确保在规定时间内高质量完成既定目标。

2. 照片记录要求

在本次手工编筐实践过程中，建议大家进行拍照记录。拍照记录具有双重重要意义，一方面，它能够为同组同学定格下共同参与劳动的美好瞬间，成为日后珍贵的回忆；另一方面，也为任课老师提供了直观、清晰的评分依据，有助于老师更全面、准确地评估各小组的实践成果。

（1）记录内容

劳动成果展示：每个课时结束后，小组成员需对当前课时的编筐成果进行全方位、多角度拍照记录。照片应清晰呈现作品的外观细节、结构特点、工艺水平等关键要素，确保老师能够直观、准确地评估作品的完成度与质量。照片应包含组员专注工作的神情以体现组员的实践参与度。

（2）照片质量与数量

质量要求：照片无强制性的专业设备或高规格打印要求，但必须保证图像清晰，能够清晰辨认作品细节和人物面部特征，确保老师能够清晰明了地查看照片内容。

数量要求：用于记录每个课时劳动成果的照片数量不设上限，鼓励同学们根据实际情况充分记录，以全面展示工作过程和成果。但需注意避免拍摄大量重复、无实质内容的照片，提高照片的有效性和针对性。

（3）照片整理与提交

打印与装订：所有照片需在课程结束后统一打印成纸质材料。打印时，应选择合适的纸张规格和质量，确保照片易于查看和保存。打印完成后，按照课时顺序将照片进行整理装订，形成完整的课时照片集。

成果展示标注：将装订好的照片集张贴至后续指定的成果展示小节中。在照片集封面或醒目位置，清晰标注小组名称、课程名称、完成日期等基本信息。同时，在每张照片下方或合适位置，用简洁明了的文字说明照片所对应的课时、记录内容（如作品名称、操作环节等）。

笔记栏

4.5.2 成果展示

小组信息及成员劳动占比、成果展示请记录在表 4-1 和表 4-2 中。

表 4-1 小组信息及成员劳动占比

项 目	内 容	
	姓 名	劳动占比（总 100%）
组 长		
组 员		
班 级		
组 别		

笔记栏

表 4-2　成果展示单

劳动时间（年 / 月 / 日）	成果展示	劳动内容
	（照片粘贴处）	

续上表

劳动时间 （年/月/日）	成果展示	劳动内容
	（照片粘贴处）	

续上表

劳动时间（年/月/日）	成果展示	劳动内容
	（照片粘贴处）	

续上表

劳动时间 （年/月/日）	成果展示	劳动内容
	（照片粘贴处）	

续上表

劳动时间 （年 / 月 / 日）	成果展示	劳动内容
学生实践 收获与感想		
教师总体评分		

第 5 章 校园打扫

环境优美的校园是学校形象的重要体现，校园打扫是劳动教育“以行育知”的生动实践，掌握垃圾分类、消毒液配比、清理卫生死角等公共卫生知识和清洁技能，是现代公民应具备的基本生活素养。

校园劳动的群体性特征使其具有独特的教育功能。擦玻璃、排桌椅、拖地等任务需精准分工，工具交接、进度协调则暗含沟通艺术。这种实践场景恰似社会系统的微缩模型，成员在合作中学习妥协与协商，在冲突中理解规则与边界。有教育经验表明，早期参与集体劳动的学生，其团队协作能力与冲突解决能力普遍较高。同时，劳动也使劳动者自然萌发对劳动成果的珍视与对劳动者的共情。这种情感共鸣在分工协作中尤为显著——当团队共同完成校园绿化带维护后，更易理解环卫工人的辛劳。

校园劳动绝非简单的体力付出。当汗水滴落尘埃，带来的不仅是洁净的校园，更能使学生成长为具有社会责任感的现代公民。这种带有明显公益性质的劳动实践，也许正是破解“精致利己主义”的关键钥匙。

知识导图

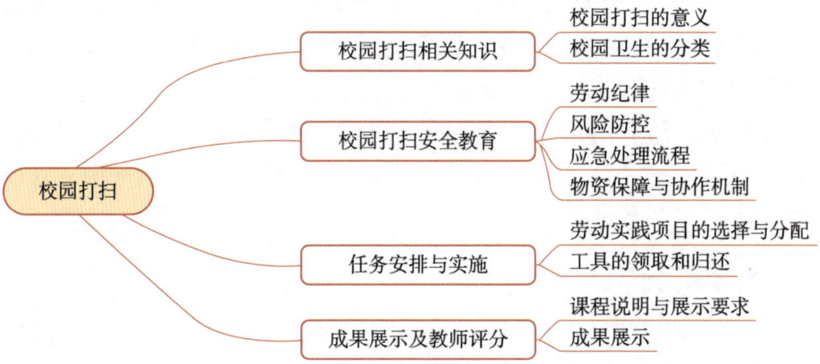

学习目标

（1）具备正确的劳动价值观。在校园劳动中，养成认真负责的劳动态度，增强尊重劳动，尊重普通劳动者的劳动价值观。

（2）掌握与校园打扫相关的安全知识，能够安全规范地参与劳动，具备应对突发状况的专业素养。

（3）提高劳动知识素养和劳动水平。掌握垃圾分类、消毒液配比等公共卫生知识和清洁技能。

5.1 校园打扫相关知识

良好的校园卫生是师生健康的重要保障。细菌、病毒等有害微生物容易通过空气、飞沫等途径传播，引发呼吸道疾病、消化道疾病等，而干净、整洁的校园环境可以有效减少这些有害微生物的滋生和传播，降低师生患病的风险。

参与校园打扫，亲身体验保持环境卫生的重要性，培养环保意识和社会责任感。在日常生活中更加注重节约资源、减少浪费，积极参与垃圾分类和资源回收。这种环保意识和社会责任感的培养，有助于学生的个人成长，也对社会的可持续发展具有重要现实意义。通过清洁、整理和维护，切身体会劳动的价值。体会劳动者的艰辛，认同普通劳动者的劳动价值，掌握基本劳动技能。

5.1.1 校园打扫的意义

校园打扫实践活动是指通过科学管理和有效措施，维护校园环境整洁、公共设施完好、垃圾分类合理，以保障师生健康、提升教学质量和维护校园形象的一系列活动。干净、整洁、有序的校园环境，有以下优点：

（1）阻断规模性疾病传播：良好的校园卫生环境可以有效减少有害细菌、病毒等微生物的滋生和传播，降低师生患病的风险。

（2）提高学校软实力：良好的校园环境是学校形象的重要体现，能够增强学校的吸引力和竞争力，让来此学习的莘莘学子更加舒适地学习和生活，提高他们的满意度和幸福感。

（3）培养环保意识：通过参与校园打扫实践活动，使学生在日常生活中更加注重节约资源、减少浪费，并积极参与垃圾分类和资源回收的社会性活动。

（4）促进可持续发展：校园卫生是学校可持续发展的重要组成部分。通过实施垃圾分类和资源回收，可以有效减少垃圾处理量，降低环境污染，促进资源的循环利用，有助于学校实现绿色、低碳、可持续的发展目标。

校园卫生水平的高低对于提高师生健康水平、营造良好学习环境、培养环保意识和社会责任感等方面都具有积极意义。因此，学生应主动参与到校园打扫活动中，为校园环境的整洁、有序贡献力量。

5.1.2 校园卫生的分类

校园卫生是保障师生健康、营造育人环境的基础性工作，总的来说，校园打扫可分为基础环境卫生、公共设施卫生、垃圾分类与资源回收，以及特殊区域打扫等四个关键维度，通过系统化分工与专业化操作，形成覆盖全域、重点突出的卫生保障网格。

1. 基础环境卫生

基础环境卫生主要包括教学楼、宿舍楼、食堂、图书馆、操场等公共区域的清洁与维护。这些区域是师生日常活动的主要场所，其卫生状况直接关系到师生的健康和学习效率。例如，教学楼的走廊、教室应定期清扫，保持地面无尘土、无纸屑，墙面无污渍、无涂鸦；

食堂应严格遵守食品安全法规，确保餐具清洁，就餐环境整洁卫生；操场等运动场所也应定期清理，避免垃圾堆积。

（1）教室（教学楼）等室内场所打扫

①基础工具及使用规范。

在教室（教学楼）等室内场所打扫时（见图 5-1），常会用到可伸缩尘掸、扫帚、双桶拖把、超细纤维抹布四种基础工具，其基本使用技巧和维护方法见表 5-1。

图 5-1 教室打扫

表 5-1 工具使用技巧和维护方法

名　称	使用技巧	维　护
可伸缩尘掸	（1）使用时采用 Z 字形轨迹除尘，从左至右，减少扬尘 （2）灯具、中央空调出风口等凹槽处，需将尘掸头旋转 90° 垂直清洁 （3）使用后，禁止拍打掸头导致二次污染，应及时用清水清洗或用吸尘器清理掸头积灰	（1）每月拆解杆体，在连接处涂抹润滑剂 （2）掸头每季更换，破损纤维需立即裁剪，避免划伤设备表面
扫帚	（1）分区使用硬毛区和软毛区 （2）使用时扫帚头与地面夹角保持 45°，采用“推拉结合”聚集垃圾	（1）每日清扫后，用宽齿梳清理扫帚头缠绕物 （2）每周用中性洗涤剂溶液浸泡 5 min，清水冲洗后晾干 （3）悬挂于专用支架，扫帚头离地 20 cm，保持干爽
双桶拖把	（1）清水桶注水至 MAX 水位线，加入按 1:50 稀释的中性清洁剂 （2）拖把头浸湿后，在压水器上来回挤压三次，拧干至无水滴落 （3）采用后退式作业，避免踩踏清洁区域	（1）污水桶每日倾倒，残留污渍用毛刷清理干净，污水内有杂物时，禁止直接排入下水道，以免堵塞 （2）桶内壁每周用 0.2% 含氯消毒液擦拭，清水冲洗后晾干 （3）每月拆卸清洗，用旧牙刷清理卡扣处纤维
超细纤维抹布	严格遵循“干湿分离、色块分区”原则，蓝色抹布专用于玻璃擦拭，绿色抹布用于桌面消毒，棕色抹布负责地面抛光	每日作业后，按颜色分类浸泡： （1）蓝色 / 绿色抹布：60 ℃ 温水加中性洗涤剂手洗；棕色抹布：加入 0.5% 的 84 消毒液浸泡 10 min （2）清水漂洗后，用离心机甩干

可伸缩尘掸：用于较高区域，如吊扇、灯具等除尘，如图 5-2 所示，部分伸缩杆可延伸至 3 m，以适配高空区域。除尘头采用超细纤维材质，搭配可拆卸式安全绳，双人协作操作一人操作、一人扶梯，确保高空作业安全。

扫帚：目前市面上的扫帚头分硬毛区和软毛区，如图 5-3 所示，通常硬毛区采用黑色鬃毛材质，用于清扫碎石等较硬垃圾。软毛区为普通纤维材质，用于清理粉尘。扫帚杆标注刻度，可调节适配不同身高者使用。

图 5-2 可伸缩尘掸

图 5-3 扫帚

双桶拖把：这是目前生活中常见的一种拖把形式，清水桶和污水桶独立设计，拖把头通过压水器实现“浸湿—拧干”处理，有些桶身还配备滚轮及提手，便于移动与倾倒污水，如图 5-4 所示。

超细纤维抹布：抹布可用于擦玻璃和擦桌面等，使用时针对不同颜色或尺寸，可定义不同功能，如蓝色抹布（30 × 30 cm）用于玻璃擦拭，绿色抹布（40 × 40 cm）用于桌面清洁，棕色抹布（50 × 50 cm）用于地面抛光（如有需要）。同时，可在抹布边缘缝制标签，搭配悬挂式收纳架，应避免交叉使用，以免造成污染，如图 5-5 所示。

图 5-4 双桶拖把

图 5-5 超细纤维抹布

②清洁顺序。

教室、走廊与楼梯的清洁，应遵循“自上而下、由内而外”的立体化清洁原则，可最大限度减少二次污染。

从教室内的灯具、吊扇开始，使用可伸缩尘掸除尘，重点区域有中央空调出风口，随后处理玻璃、窗框，然后清洁桌面，最后清洁地面，在清洁过程中，要尽量避免灰尘掉落造成再次污染。教室清理完成后，使用拖把从教室内部向走廊推进。走廊与楼梯清洁也采用“先里后外、先上后下”的清洁顺序。

- 垂直维度：自上而下清洁（灯具→窗户→桌面→地面），避免二次污染。

第一步为灯具清洁，使用可伸缩毛掸清除吊灯表面浮尘，嵌入式筒灯需拆卸灯罩，用纤维布蘸取中性清洁剂擦拭内部反光板，如图 5-6 所示。

第二步为窗户清洁，玻璃采用“两遍法”擦拭，详见后文介绍。擦拭时，沿窗框轨道凹陷处重点清洁，注意去除陈旧垃圾，包括一些昆虫尸体，其缝隙可以使用细毛刷配合吸尘器处理，如图 5-7 所示。

第三步为桌面清洁，课桌表面需使用 75% 酒精湿巾消毒，如有键盘托架，应重点处理键盘托架边缘处。

第四步为地面收尾。

图 5-6　擦拭灯具

图 5-7　清理窗户框

- 平面维度：由内而外推进（讲台区→学生区→过道），确保全覆盖。

第一步为讲台区，多媒体设备用静电除尘布擦拭，避免刮伤屏幕，讲台下方线缆整理至束线带内。

第二步为学生区，仔细处理座椅内部及下方零食残渣及各种碎屑。

第三步为过道清洁，注意边角等容易积攒垃圾的区域。擦拭墙面紧急标识，确保清晰可见。

③地面护理。

根据教室功能不同，地面通常铺设瓷砖或木地板，瓷砖地面清理时需配合使用中性清洁剂，木地板在清理完表面污渍后，使用专用护理蜡进行保养，如图 5-8 所示。

清理瓷砖地面时，中性清洁剂按 1:50 比例稀释，在清水浸润阶段需控制水量，避免形成水洼导致滑倒。推进时需保持拖把头与地面呈 30° 夹角，减少摩擦力，提升清洁效率。

护理木地板时，专用护理蜡需提前 48 h 测试兼容性，防止与原有地板涂层发生反应。打蜡后需用抛光机以处理，形成保护膜，提升耐磨性。

图 5-8　地面护理

④玻璃擦拭。

玻璃擦拭采用“两遍法”，首遍清水去污，次遍报纸抛光，重点处理窗槽积灰，如图 5-9 所示。具体来说，第一步用清水去污，可以使用玻璃刮器，配合玻璃清洁剂，沿垂直方向自上而下擦拭。窗槽积灰需用吸尘器 + 软毛刷组合处理，残留物用棉签蘸取酒精清洁。第二步用报纸抛光，最好选择旧报纸，沿水平方向抛光，去除水痕与纤维残留。同时处理好玻璃四角与合页处，确保透光率≥90%。

图 5-9　玻璃擦拭

⑤公共区域。

公共区域主要以走廊清洁和楼梯清洁为主，如图 5-10 所示。先清理走廊，清理时自上而下清洁（灯具→窗户→地面），然后从某一标志物（如消防栓柜体）至走廊末端依次推进。楼梯清洁时，翻转拖把清洁立面时，需将拖把头旋转 90°，沿台阶边缘垂直擦拭。扶手栏杆需用纤维布包裹清洁，去除污渍与汗渍。

图 5-10　清洁公共区域

（2）教室（教学楼）等室外场所打扫

①基础工具及使用规范。

室外劳动是培养动手能力、团队协作精神以及对自然环境认知的重要环节，如图 5-11 所示。为了确保室外劳动能够高效安全开展，工具的规范使用显得尤为关键。关于室外劳动实践工具的具体功能说明和使用方法，详见表 5-2 和表 5-3，这两张表格详细列出了每种工具的名称、适用场景、主要功能，以及使用注意事项等，提供了较为全面而准确的指导，帮助使用者正确、安全地使用。

图 5-11　校园卫生打扫

表 5-2　室外劳动基础工具

工具名称	图　片	说明和功能
园艺耙		（1）耙头为不锈钢材质，齿距 1.5 cm，有的园艺耙配备可调节手柄（长度可调至 1.2~1.8 m） （2）用于清理花丛、草丛中的落叶、枯枝及杂物
鼓风式落叶机		（1）主机配备背带，出风口可 180° 旋转，配套不同大小的集尘袋（20 L/40 L） （2）适用于操场、广场等大面积区域的落叶清理，鼓风功能可调节风力大小，适应不同场景
高压冲洗枪		（1）枪体配备可调节喷头（扇形 / 直射模式），进水口适配标准消防接口，配备 50 m 绕线盘 （2）用于冲洗操场跑道、雕塑、建筑外墙等，扇形模式覆盖面积大，直射模式可清除顽固污渍

续上表

工具名称	图片	说明和功能
除草机		（1）刀片宽度 40 cm，配备可拆卸电池（续航 2 h），配置防护罩，确保操作安全 （2）适用于草坪修剪，刀片高度可调适应不同季节草长需求
垃圾捡拾器		（1）夹头为防滑硅胶材质，配备可伸缩杆（长度 0.8~1.5 m） （2）用于捡拾花坛、绿化带中的烟头、纸屑等小件垃圾，可避免弯腰操作

表 5-3　工具使用规范

工具名称	使用技巧	维护
园艺耙	（1）耙头与地面呈 30°夹角，避免垂直下压损伤植物 （2）清理花坛边缘时，将耙齿朝内倾斜 45°，防止泥土外溢 （3）遇缠绕藤蔓时，先剪断再耙除，禁止强行拉扯	每次使用后，用毛刷清理耙齿间泥土，耙齿变形超过 5% 需立即更换，以免影响使用效果
鼓风式落叶机	（1）清理落叶堆时，保持机器与地面 10~15 cm 距离，潮湿落叶需切换至低风力模式，防止堵塞 （2）集尘袋装载至 2/3 容量时及时更换，以免影响吸力	（1）每日使用后，清理滤网及叶轮积尘，风机叶片用湿布擦拭 （2）每周检查背带弹性，破损超过 20% 需更换 （3）每月加注润滑脂至传动轴，确保运转顺畅
冲洗枪	（1）冲洗操场跑道时，采用“之”字形路线，扇形模式覆盖宽度 1.5 m （2）冲洗雕塑时，切换至直射模式，距离保持 30 cm 以上，避免水压损伤表面 （3）冬季使用后，排空管道积水，防止冻裂	（1）每次使用后，清理喷头滤网，防止堵塞；每周检查绕线盘锁紧装置，避免线缆松脱 （2）每季度更换密封圈，防止漏水
除草机	（1）修剪前检查刀片是否平衡，避免留茬过高 （2）电池电量低于 20% 时停止作业，防止过度放电	（1）每次使用后，清理刀片底部草屑，刀刃涂抹防锈油 （2）每月检查电机碳刷，磨损超过 1/3 需更换 （3）刀片每季度研磨，保持锋利度

②清洁顺序。

室外劳动需遵循“分区推进、由高到低、干湿分离”的原则，具体流程如下：

首先采用垂直维度、自上而下的方式，先清理雕塑、建筑外墙等高空区域（使用高压冲洗枪），清理雕塑等建筑时，最好先用软毛刷清理灰尘，再用湿布擦拭，禁止使用腐蚀性清洁剂。之后处理地面落叶、杂草。高空作业时，下方区域设置警示标识，防止水花或落叶飘落影响行人。其次，由内而外，从花坛、绿化带内部向外部推进，避免踩踏已清理区域。清理花坛等区域时，先捡拾表面垃圾，再修剪枯枝，最后松土施肥。

清洁室外地面时，先用鼓风式落叶机清理大面积落叶，再用园艺耙处理边角区域。最后使用高压冲洗枪清洗地面污渍。清理操场时，最好划分为若干区块，每个区块完成全部清洁流程后再转移。特别注意操场的跑道线需使用专用清洁剂。

2. 公共设施卫生

公共设施卫生涉及校园内的各类公共设施，如洗手间、饮水机、电梯、扶手、门把手等。这些设施由于使用频繁，容易成为细菌、病毒的传播途径。因此，定期对这些设施进行清洁和消毒至关重要。例如，洗手间应每日清洁，保持地面干燥、无异味，便器、洗手盆等设施应定期消毒；饮水机应定期更换滤芯，确保水质安全；电梯、扶手等高频接触部位也应定期擦拭消毒，减少交叉感染的风险。

校园内的公共设施主要包含洗手间卫生维护、饮水机卫生维护、电梯卫生维护（见图 5-12）和门把手卫生维护。相关劳动工具及操作流程见表 5-4 至表 5-7。

图 5-12 电梯卫生维护

表 5-4 洗手间卫生维护

清洁频率	工具与耗材	操作流程
每日清洁： 每日至少进行两次全面清洁，分别在课间操后和放学后进行 深度消毒： 每周五下午进行深度消毒，重点处理便器、洗手盆、地面、墙面等区域	工具： 扫帚和双桶拖把（清水桶加注 1:50 中性清洁剂）；超细纤维抹布（棕色抹布用于地面，绿色抹布用于洗手盆、镜面）；玻璃刮水器（配套清洁剂） 耗材： 0.5% 的 84 消毒液（用于地面、墙面消毒）；含氯消毒片（便器专用，浓度 500 mg/L）；75% 酒精湿巾（用于水龙头、把手等金属部件）	地面清洁： 用扫帚清扫地面垃圾；用拖把拖干净地面，待地面干燥后，用 0.5% 的 84 消毒液喷洒，作用 10 min 后用清水拖净 便器清洁： 便器内壁喷洒含氯消毒片溶液，作用 30 min 后用马桶刷刷洗；外壁用棕色抹布擦拭，禁止与地面抹布混用 洗手盆与镜面： 镜面用玻璃刮水器配合清洁剂，清洁两遍：第一遍喷洒清洁剂，第二遍刮水。洗手盆用绿色抹布擦拭，水龙头用 75% 酒精湿巾消毒
注意事项： （1）清洁剂与消毒剂需分区存放，避免混用 （2）便器消毒时，需关闭门窗，防止异味扩散 （3）清洁工具使用后，需用清水冲洗，悬挂晾干		

表 5-5　饮水机卫生维护

清洁频率	工具与耗材	操作流程
每日清洁： 课间操后擦拭机身表面 每周维护： 定期更换滤芯，清洁水箱内部 每月深度消毒： 每月最后一周对出水口、接水盘进行蒸汽消毒	超细纤维抹布（蓝色抹布用于机身，绿色抹布用于接水盘）；滤芯更换专用扳手	机身表面清洁： 用蓝色抹布蘸取清水，擦拭机身外壳，重点清理接水口周围；接水盘用绿色抹布蘸取 0.2% 含氯消毒液擦拭，作用 5 min 后用清水抹布擦净 滤芯更换： 关闭电源，用滤芯更换专用扳手逆时针旋转拆下旧滤芯；新滤芯安装前，检查密封圈是否完好，顺时针旋紧至“咔嗒”声 水箱清洁： 排空水箱余水，注入食品级柠檬酸除垢剂溶液（浓度 5%）；浸泡 30 min 后，用清水冲洗至无异味 蒸汽消毒： 蒸汽消毒机温度调至 135 ℃，对出水口、接水盘进行 3 s 定点消毒
注意事项： （1）滤芯更换时，需佩戴一次性手套 （2）蒸汽消毒时，避免直接喷射到电源接口 （3）清洁完成后，需排放 3 杯水，确保除垢剂无残留		

表 5-6　电梯与扶手卫生维护

清洁频率	工具与耗材	操作流程
每日清洁： 每日课间操后擦拭电梯按钮 深度消毒： 每周对电梯轿厢进行全面消毒	工具： 超细纤维抹布；伸缩杆（搭配抹布擦拭电梯顶部） 耗材： 75% 酒精喷雾；0.1% 新洁尔灭消毒液	电梯按钮清洁： 用蓝色抹布蘸取 75% 酒精，采用“点触式”擦拭，避免液体渗入按钮缝隙；按钮间隙用棉签蘸取消毒液清理 电梯轿厢消毒： 伸缩杆搭配蓝色抹布，擦拭电梯顶部通风口；轿厢四壁用 0.1% 新洁尔灭消毒液喷洒，作用 10 min 后用清水抹布擦净
注意事项： （1）酒精消毒时，需远离火源 （2）清洁完成后，需在电梯口放置“已消毒”标识		

表 5-7　门把手卫生维护

清洁频率	工具与耗材	操作流程
每日清洁： 每日课间操后擦拭所有教室、办公室门把手 重点消毒： 每周二、周五对高频接触门把手（如洗手间、实验室）进行深度消毒	工具： 超细纤维抹布（绿色抹布用于日常擦拭，红色抹布用于消毒）；棉签 耗材： 75% 酒精湿巾；0.05% 次氯酸钠消毒液	日常擦拭： 用绿色抹布蘸取清水，擦拭门把手表面；把手缝隙用棉签清理灰尘 深度消毒： 用红色抹布蘸取 0.05% 次氯酸钠消毒液，采用“包裹式”擦拭，确保消毒液覆盖把手全表面；作用 5 min 后，用清水抹布擦净
注意事项： （1）消毒液需现用现配，避免久置失效 （2）金属门把手消毒时，需控制消毒液浓度，防止腐蚀 （3）清洁完成后，需用干抹布擦干，避免水渍		

3. 垃圾分类与资源回收

垃圾分类与资源回收是校园卫生管理中的重要环节。通过实施垃圾分类，可以有效减少垃圾处理量，降低环境污染，同时促进资源的循环利用。校园内应设置明显的垃圾分类标识，引导师生正确分类投放垃圾，如图 5-13 所示。此外，校园内还设置旧书回收箱、衣物捐赠箱等，鼓励师生参与资源回收，培养环保意识。

图 5-13　垃圾分类

（1）垃圾分类标准

①可回收物：包括纸张（如废纸、报纸、作业本）、塑料瓶、金属罐、玻璃瓶等。此类垃圾应投放至蓝色垃圾桶，通过回收处理可实现资源再利用。

②有害垃圾：如废旧电池、荧光灯管、过期药品、废旧电子产品等。此类垃圾需投放至红色垃圾桶，因其含有有害物质，需专业机构进行安全处理。

③厨余垃圾：主要指剩菜剩饭、果皮、菜叶等食物残渣。此类垃圾应投放至绿色垃圾桶，可通过堆肥处理转化为有机肥料。

④其他垃圾：包括尘土、烟蒂、一次性餐具等难以回收的废弃物。此类垃圾投放至灰色垃圾桶，通常进行卫生填埋或焚烧处理。

（2）分类投放与收集

大学校园内，动辄上万人，其垃圾处理问题愈发受到重视。为有效解决校园垃圾处理难题，构建环保型校园环境，应合理设置校园内的分类垃圾桶。校园内不同区域的人员流动和垃圾产生情况各有差异，因此垃圾桶的布局与设置需因地制宜，高效分配。

在宿舍区，学生们日常产生的垃圾种类繁多，如废纸、塑料瓶、食物残渣等。因此，在宿舍楼入口、走廊尽头以及宿舍楼周边空旷处，都应合理配置足量的分类垃圾桶，涵盖可回收物、有害垃圾、厨余垃圾和其他垃圾四大类。并在显著位置张贴清晰明确的分类标识和投放指南。

教学楼作为师生们学习和工作的重要场所，除一般垃圾外，可能产生如废旧电池等有害垃圾，因此需要在特定位置设置专门的有害垃圾收集容器，并加强宣传引导，确保师生们能够正确投放。

食堂区域是垃圾产生的“重灾区”，食物残渣、一次性餐具等垃圾数量庞大。因此，食堂内不仅要配备足够数量的分类垃圾桶，还需根据垃圾产生特点，增加厨余垃圾桶的投放比例，保持食堂环境的整洁卫生。

除此之外，定期对垃圾桶进行清理和消毒也是必不可少的环节。制定科学合理的清理和消毒计划，确保垃圾桶内垃圾及时清运，避免垃圾堆积产生异味和滋生细菌，如图 5-14 所示。

图 5-14　垃圾箱清理和消毒

（3）资源回收

为了促进闲置资源的再利用，可在校园的各个角落，如宿舍楼下、教学楼大厅、图书馆周边等人流量较大的显著位置，合理设立旧书回收箱、衣物捐赠箱等设施（见图 5-15）。对于捐赠的旧书，经过整理分类后，可以捐赠给贫困地区的学校或图书馆，让知识得以传递；对于衣物，经过专业清洗消毒后，可捐赠给有需要的人群，让温暖得以延续。

图 5-15　资源回收

4. 特殊区域——车间标准化打扫

在工业生产的宏大版图中，车间宛如一座精密运转的城堡，是产品诞生的摇篮。然而车间的环境状况却如同城堡的基石，直接关乎着生产的效率与质量，更与每一位员工的生命安全息息相关。一个杂乱无章、满是灰尘与油污的车间，就像是一座摇摇欲坠的城堡，不仅会降低生产效率，让设备在恶劣环境中加速老化、故障频发，还会埋下严重的安全隐患，威胁着员工的身体健康与生命安全。在布满油污的地面上，稍有不慎就可能滑倒受伤；而那些随意堆放的工具和材料，还可能在关键时刻引发安全事故。

因此，车间标准化打扫绝非一项简单的清洁工作，而是保障车间正常运转、提升生产效率、守护员工安全的基石工程。它是对车间环境的一次全面梳理与重塑，是从源头上消除安全隐患、提高产品质量的重要举措。通过标准化打扫，可以为车间营造一个整洁、有序、安全的生产环境，让每一台设备都能在最佳状态下运行。打扫车间示例如图 5-16 所示。

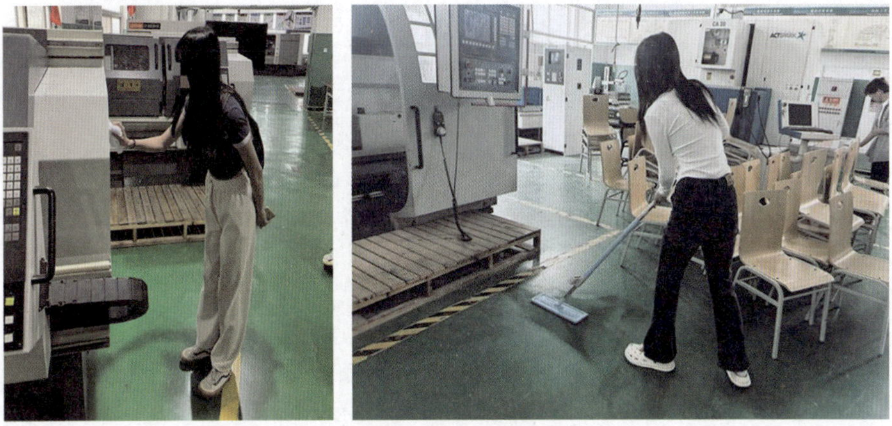

图 5-16　打扫车间

（1）清洁工具及操作规范

常用清洁工具有工业吸尘器（见图 5-17）、手推式洗地机（见图 5-18）、棉丝（脱脂棉布）（见图 5-19）和气枪（见图 5-20），详细说明见表 5-8。

图 5-17　工业吸尘器

图 5-18　手推式洗地机

图 5-19　棉丝（脱脂棉布）

图 5-20　气枪

表 5-8　常用工具及使用规范

名　称	适用场景	使用方法	注意事项
工业吸尘器	金属碎屑、冷却液混合污渍清理	选用防静电软毛吸头，避免刮伤环氧地坪；吸尘时保持设备匀速移动，防止扬尘；尘满后立即停机清理，禁止拍打滤芯	每次使用后检查集尘袋完整性，油污吸尘后需用碱性清洗剂浸泡滤芯
手推式洗地机	大面积地面日常维护	清水箱添加 1∶50 比例中性清洗剂，污水箱每日清空；刷盘压力调至 2~3 挡（根据地面硬度），行进速度不宜过快	禁止在未断电状态下添加清洗剂，防止电机短路
棉丝（脱脂棉布）	机床导轨、丝杠等精密部件擦拭	单方向擦拭（禁止反复摩擦）；蘸取少量 2 机油润滑导轨，残留油膜厚度≤0.01 mm；废弃棉丝需投入专用垃圾桶，禁止与其他垃圾混放	使用时注意是否有脱落，防止堵塞油路
气枪	机床缝隙、电气柜内部除尘	压力调至 0.4~0.6 MPa，枪口距离部件 10~15 cm； 吹扫顺序：从内到外，从上到下，避免二次污染； 注意：使用时不要把碎屑等废物吹进润滑、机电控制等精密部件内部	不能大力拖拽气路

（2）机床保养

为充分发挥数控机床的效益，使数控系统少出故障，延长机床的平均无故障时间，必须对数控设备定期进行有效的保养。保养主要包括润滑系统保养、精密部件铁屑清理等。

①润滑系统保养。

数控机床的润滑系统保养基本分为两种，一种由数控系统开机后自动定时定量补给，如图 5-21 所示，一种由操作人员手工注入，且需根据机床生产商要求加注指定牌号的液体润滑油或固体润滑脂，以确保机床正常运行。给自动润滑系统的润滑液加注箱加入润滑油时，需使用专用油桶，避免与别种油品混合。同时，定期（每月）检查给油口滤网，清除杂质，以防堵塞，如图 5-22 所示。

图 5-21　自动润滑系统的润滑液加注箱

图 5-22　手动加注润滑液

②精密部件铁屑清理。

对带有自动换刀装置的机床来说，其内部有复杂的电路控制系统。因此，日常工作结束后，应及时清理加工中缠绕、迸溅的铁屑，并定期对平时不易清理的局部进行彻底清理，如图 5-23 所示。

图 5-23　数控机床的自动换刀装置

③其他部位保养。

定期清洁机床电气箱热交换器处过滤网；定期检查并清洁机床各电机外观，如水泵电机，确保其保持有效散热，正常工作；定期检查并清洁切削液水槽过滤网，以防堵塞。

（3）车间标准化打扫劳动实践项目验收标准

通过构建多维度验收标准，车间标准化打扫实践项目可实现从“表面清洁”到“本质安全”的全面提升，为智能制造环境下的精益化管理提供基础保障。

①地面验收。

要求地面无油渍、无水渍、无碎屑。车间地面清洁需达到工业级卫生标准，重点消除油污、水渍及加工碎屑残留。从视觉检测角度来看，地面整体呈哑光洁净状态，无反光油渍或水渍痕迹。从触觉检测来看，随机选取 5 处地面（含角落与设备底部），使用 A4 纸平铺按压，纸张背面无油渍渗透或碎屑黏附。在机床周边、油液存放区等特殊区域，需使用白手套擦拭，确保无黑色油污沾染。地面验收示例如图 5-24 所示。

图 5-24 地面验收

②设备清洁。

针对设备的清洁验收需兼顾防尘、防锈与功能性保护。验收标准一是积尘检测，主要检测电气控制柜内部需无棉絮、金属碎屑等导电杂质。二是锈斑检测，检测时可采用锈蚀转化剂喷涂测试，锈斑区域需在 24 h 内形成保护膜。同时注意液压系统油箱盖需加装防尘滤网，呼吸孔处无油泥堆积。设备验收示例如图 5-25 所示。

图 5-25 设备验收

③环境验收。

要求实现工具定位可视化与安全通道可视化。如工具架标识和层架编号（如 A-01）、工具类型图标（如扳手符号）等，或者按工具功能划分区域（如电动工具区、测量仪器区），各区域采用不同色标（如红色 - 危险工具、蓝色 - 常用工具）。同时要求安全通道线明亮，通道内障碍物（如物料箱）与通道线间距需 ≥0.5 m，满足紧急疏散与日常巡检双重需求，通道内禁止堆放任何物品。环境验收示例如图 5-26 所示。

图 5-26　环境验收

5.2　校园打扫安全教育

校园卫生劳动实践既是一门需要大学生完成的课程，也是大学生接触的一项任务工作。在这个过程中，安全犹如基石保障师生的生命安全、维护校园的和谐稳定。大学生有着青年人特有的热情与活力，但在劳动过程中也存在经验不足、操作不当等原因，因而面临各种安全风险。为了确保劳动实践的安全与有效，需从劳动纪律、风险防控、应急处理流程，物资保障与协作机制等方面制定具体措施。

5.2.1　劳动纪律

明确校园打扫过程中产生安全隐患的原因，有针对性地制定具体要求，并严格落实。

1. 产生安全隐患的原因

在劳动过程中产生重大风险事故，追踪原因基本有以下三方面：

①劳动者本身没有给予足够的重视，忽视了简单劳动也可能带来巨大的人身伤害，比如从梯子上跌落。

②没有掌握工具的正确使用方法，导致在使用过程中，使自身或旁人受到伤害。

③劳动实践属于群体性活动，缺乏纪律意识、单独行动、不服从指挥等，都有可能导致安全事故的发生。

2. 劳动纪律的具体要求

① 建构初步的工作纪律意识。明确劳动任务后，使用工具尤其电动工具时，要先接受安全培训，熟悉劳动设备的技术性能和使用注意事项，严格遵守安全操作规程，正确使用。按要求穿戴防护衣等，如图 5-27 所示。

② 服从现场指挥。服从劳动工作安排，有疑问应主动与现场指导教师沟通，共同协商解决，不得擅自处理。劳动过程中严禁脱岗，禁止开展与劳动实践无关的一切活动。打扫杂草等干燥物品时，严禁吸烟，以免引发火情。

图 5-27　正确穿戴防护衣

③ 开展车间卫生打扫时，要检查设备是否已完全断电。如发现异常，应立即报告现场指导教师，停止工作，检查原因。

5.2.2　风险防控

深入分析校园打扫卫生劳动实践的各个环节，如清洁教学楼窗户、使用大型清洁设备、处理化学清洁剂等，识别出可能存在的安全隐患，并制定相应的风险防控标准。如操作大型清洁设备前必须进行安全培训和技术培训等。

1. 防坠落

①进行教室（教学楼）等室内、室外场所打扫时，经常会遇到较高区域的打扫任务。打扫时，要正确摆放梯子，至少两个人共同操作协作完成，一人扶梯确保梯子稳固，另一人作业完成灯具、中央空调出风口的清理工作。

②如果是室外雕塑建筑，需提前与学校相关部门沟通，是否可以搭建脚手架或升降平台，是否可以进行攀爬，卫生打扫时，务必佩戴安全带。同时下方区域应设置安全网或警示标识，防止物品坠落伤人。

2. 防滑

①有设置警示标识的意识。下雨和雨后应及时在教学楼入口处放置防滑垫，避免师生滑倒。操场跑道等室外区域，雨后作业需穿防滑鞋，并设置警示牌。

②每日清洁洗手间、食堂等特殊区域后，应及时擦干或使用鼓风机对易积水区域进行干燥处理，确保地面无水渍。如图 5-28 所示。

图 5-28　操场清洁防滑

小提示：

清洁室内教学楼及教室时，应提前与教务、后勤等相关部门沟通，选好时间，避开教学集中时间段，以免影响正常教学活动，如可选择早上或中午等时间组织卫生打扫。打扫教室时，必须选择没有教学任务的空置教室。开展卫生打扫活动，应本着“辛苦自己，方便他人”的原则进行，积极营造和谐的校园文化氛围。

3. 防触电（正确使用电动工具）

定期对劳动过程中使用的电动工具进行绝缘检测，确保其安全可靠。

①使用电动工具（如鼓风式落叶机、高压冲洗枪等）前，需检查绝缘性能是否良好，禁止在潮湿环境使用，以防触电，严格遵守操作规程使用，杜绝违规操作。

②定期对教室内的电器设备，进行全面的安全性能检查，如投影仪、电脑等，本着尽职尽责的工作态度，不放过任何一个可能存在漏电、短路等安全隐患的角落。

③高压冲洗枪禁止直接冲洗带电设备，以防短路或触电。

4. 防腐蚀、防混用、防中毒

对于易腐蚀的化学清洁剂，应储存在干燥、通风、阴凉的地方，避免阳光直射和高温环境。同时建立严格的物资管理制度，对清洁剂、消毒剂等化学品实行专柜存放、双人双锁管理，确保物资的安全使用，如图 5-29 所示。同时注意如下事项。

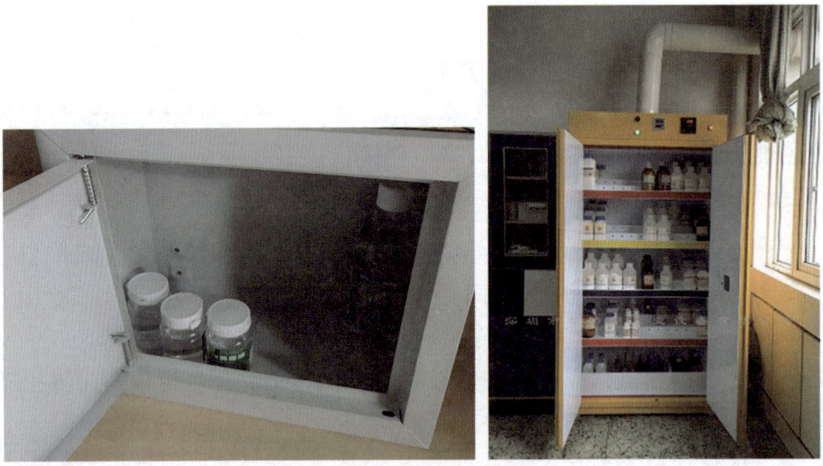

图 5-29　清洁剂的存放

①使用消毒液时，需佩戴手套操作，避免直接接触皮肤，以防腐蚀。

②金属门把手消毒时，需控制消毒液浓度，防止腐蚀门把手表面。

③清洁剂与消毒剂需分区存放，避免混用产生有毒气体。

④含氯与酸性清洁剂需隔离存放，防止混用发生化学反应。

⑤在使用化学清洁剂或进行消毒作业时，应确保通风良好，避免长时间吸入有害气体。如出现头晕、恶心等中毒症状，应立即停止作业，转移到通风良好处休息，并及时就医。

5. 防夹伤

①操作除草机时，禁止用手清理刀片附近杂物，以防割伤。

②清洁电梯时，需关闭电源，设置警示标识，防止夹手或触电。

③定期对门窗、电梯等设施进行检查和维护，确保其开关灵活、无卡滞现象。

6. 防二次污染

①清洁过程中产生的废弃物（如用过的抹布、清洁剂包装等）和废弃液，应及时清理，避免二次污染，如图 5-30 所示。清洁后的工具应清洗干净，晾干后存放，避免滋生细菌或产生异味。

②对可回收物、有害垃圾、厨余垃圾等进行分类投放和处理，减少环境污染。

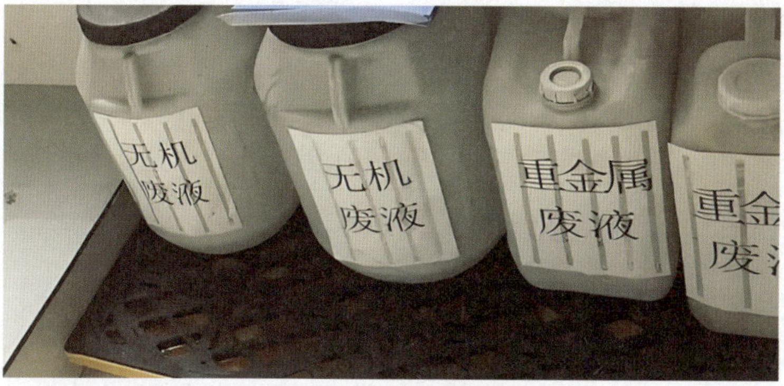

图 5-30　分类收集废液

其他安全风险：

①使用蒸汽消毒机时，需佩戴口罩，避免吸入高温蒸汽。

②使用酒精进行消毒时，应远离火源，以防发生火灾或爆炸。

5.2.3　应急处理流程

一旦发生安全事故，迅速、有效的应急处理能够最大限度地减少损失。制定详细的应急预案，包括事故报告、现场救援、医疗救治等各个环节，并定期组织师生进行应急演练，提高应急反应能力和自救互救技能。

1. 化学灼伤

如不慎被化学清洁剂灼伤，应立即用清水冲洗受伤部位至少 15 min，以稀释和清除化学物质。冲洗后，可涂抹凡士林等保护性药膏，以减轻疼痛和防止感染。如伤势严重，应立即就医，接受专业治疗。

对于眼睛等敏感部位被化学物质灼伤时，应立即用大量清水冲洗，并尽快就医。

2. 高空坠落

如发生高空坠落事故，应第一时间保护现场，禁止随意移动伤者，以免造成二次伤害。立即拨打 120 急救电话，并启动校园急救预案，通知校医和相关人员前往现场救援。在等待救援过程中，可对伤者进行初步的止血、包扎等急救措施。同时，保持伤者呼吸道畅通，防止窒息。

3. 机械伤害

如发生机械伤害事故（如被除草机、鼓风式落叶机等工具割伤），应立即关闭设备电源，防止事故扩大。对伤口进行压迫止血，防止失血过多。拨打校医室电话，通知校医前往现场救治。如伤势严重，应立即拨打 120 急救电话。对于骨折等严重伤害，应避免随意移动伤者，以免加重伤势。应使用夹板等物品对伤处进行固定，等待专业救援人员到来。

4. 触电

如发生触电事故，应迅速切断电源，或用绝缘物体（如干燥的木棍、塑料棒等）挑开电线，使触电者脱离电源。对触电者进行心肺复苏等急救措施，并拨打 120 急救电话。在等待救援过程中，应保持触电者呼吸道畅通，并注意保暖。同时，观察触电者的生命体征变化，及时采取相应的急救措施。雨后或潮湿环境下作业，防滑和防触电措施更是重中之重。

5. 滑倒摔伤

如发生滑倒摔伤事故，应立即保护现场，禁止随意移动伤者，以免造成二次伤害。拨打校医室电话，通知校医前往现场救治。如伤势严重，应立即拨打 120 急救电话。

对于摔伤导致的骨折、脱臼等伤害，应避免随意移动伤者。应使用夹板、绷带等物品对伤处进行固定和包扎，等待专业救援人员到来。

6. 中暑

如发现有人中暑，应立即将其转移至阴凉处，解开衣领、腰带等束缚物，保持呼吸畅通。补充淡盐水或含电解质的饮料，以缓解中暑症状。如中暑者出现高热、昏迷等严重症状，应立即拨打 120 急救电话，并送医救治。在高温天气下进行劳动实践时，应合理安排作息时间，避免在中午高温时段进行户外作业。同时，为师生提供充足的饮用水和防暑降温用品。

7. 火灾 / 爆炸风险应对

若发生火灾或疑似爆炸风险，应立即启动火灾应急预案，疏散人员至安全区域。使用灭火器进行初期灭火，如火势较大或无法控制，应立即拨打 119 报警求助。在等待救援过程中，应保持冷静，按照预案要求进行疏散和自救。同时，注意保护现场证据，以便后续调查和处理。

5.2.4 物资保障与协作机制

要配备充足的安全防护用品和应急救援物资，并建立校园内各部门之间的协作机制，确保在发生安全事故时能够迅速响应、协同作战。

1. 物资储备

储备足量口罩、手套、消毒剂等防疫物资，以及急救箱、灭火器等应急物资，确保在紧急情况下能够及时使用。定期检查应急物资有效期，及时更换过期物资，确保物资的有效性。同时，建立物资使用登记制度，确保物资的合理使用和管理。

对于易耗品（如口罩、手套等），应根据实际使用情况制定合理的采购计划，确保物资的充足供应。同时，建立物资库存预警机制，当物资库存量低于一定水平时及时采购补充。

2. 协作机制

与当地疾控部门、医疗机构建立联动机制，确保在发生突发公共卫生事件时能够及时获得专业支援。明确各部门职责，建立信息报告和共享机制，确保在紧急情况下能够迅速响应、协同作战。同时，加强与师生的沟通与协作，提高师生的安全意识和应急处理能力。

定期组织应急演练和培训活动，提高师生的应急处理能力和自救互救能力。通过演练和培训活动，使师生熟悉应急预案和流程，掌握基本的应急处理技能和方法。同时，加强对应急预案的宣传和普及工作，提高师生的安全意识和防范能力。

5.3 任务安排与实施

从教室的窗明几净到操场的绿草如茵，从公共设施的洁净如新到垃圾分类的合理整洁，这些劳动实践项目涵盖了校园的每一个角落，也与课堂知识学习共同照亮了学生们成长的道路。通过参与劳动实践，既能够亲身体验劳动的艰辛与乐趣，更能在实践中学习到责任、合作与奉献的真谛。

5.3.1　劳动实践项目的选择与分配

根据“大学生劳动教育”课程安排的实践项目，合理划分劳动小组。各小组严格遵循现场指导教师的管理要求，合理规划工作进度，有条不紊、精准高效、全力以赴，将热情与汗水倾注在劳动实践中，积累宝贵的劳动经验，获得认可的劳动成效，并在限定时间内完成劳动目标。

为确保劳动实践的广泛参与性，指导教师将根据学生的报名情况和劳动实践项目的实际需求，合理分配不同的实践项目和劳动区域，如教室、教学楼周边、公共设施区域等，确保每个学生都能在适合自己的劳动项目中发挥最大的主观能动性，为校园的卫生管理贡献自己的力量。

校园劳动实践围绕校园卫生打扫与劳动技能培养展开。

室内场所标准化打扫，2 课时，涵盖灯具除尘、窗框清洁、桌面整理、地面护理等垂直维度与平面维度综合操作。

室外场所卫生打扫，2 课时，含包括操场跑道清理。

垃圾分类与资源回收，2 课时，包括垃圾分类督导等场景化实践。

公共设施维护保养，2 课时，包括清理卫生间、饮水机以及扶梯等。

车间打扫，2 课时，包括清洁机械设备、车间地面、工具摆放等。

表 5-9 提供了劳动实践项目的具体内容，包括实践项目名称、学时、劳动区域选择、需领取工具等相关信息。

表 5-9　劳动实践项目内容

劳动实践项目名称	学　时	劳动区域选择	需领取工具
教室（教学楼）等室内场所打扫	2	教室、教学楼内部	可伸缩尘掸、扫帚、双桶拖把、超细纤维抹布等
教室（教学楼）等室外场所打扫	2	教学楼周边、花丛、草丛、操场等室外区域	园艺耙、鼓风式落叶机、高压冲洗枪、环保除草机、垃圾捡拾器等
公共设施卫生维护	2	洗手间、饮水机、电梯、扶手、门把手等公共设施区域	扫帚、双桶拖把、超细纤维抹布、玻璃刮水器、消毒剂、滤芯更换专用扳手、蒸汽消毒机、扶手带专用清洁剂等
垃圾分类与资源回收	2	校园内各垃圾分类投放点、旧书回收箱、衣物捐赠箱等	分类垃圾桶、垃圾袋、手套等
车间打扫	2	指定车间	吸尘器、洗地机、棉丝、扫帚、拖把等

5.3.2　工具的领取和归还

为了保障劳动实践的顺利进行，劳动工具必不可少。这些工具包括可伸缩尘掸、扫帚、双桶拖把等，根据劳动实践项目，应到指定的地点领取相应工具。填写“领取劳动工具表格”（见表 5-10），明确数量及责任人，课后需完成工具清洗并填写“归还劳动工具表格”（见表 5-11），除此之外，中性清洁剂、木地板专用蜡等耗材需按标准配比使用，严禁浪费。经验收后方可结束当次实践。

表 5-10　领取劳动工具表格

劳动实践项目名称	劳动工具名称	领取数量	领取人签名	领取日期
教室（教学楼）等室内场所打扫	可伸缩尘掸			
	扫帚			
	双桶拖把			
	超细纤维抹布			
教室（教学楼）等室外场所打扫	园艺耙			
	鼓风式落叶机			
	高压冲洗枪			
	环保除草机			
	垃圾捡拾器			
公共设施卫生维护	扫帚			
	双桶拖把			
	超细纤维抹布			
	玻璃刮水器			
	消毒剂			
	滤芯更换专用扳手			
	蒸汽消毒机			
	扶手带专用清洁剂			
垃圾分类与资源回收	分类垃圾桶			
	垃圾袋			
	手套			

表 5-11　归还劳动工具表格

劳动实践项目名称	劳动工具名称	归还数量	归还人签名	归还日期	验收人签名
教室（教学楼）等室内场所打扫	可伸缩尘掸				
	扫帚				
	双桶拖把				
	超细纤维抹布				
教室（教学楼）等室外场所打扫	园艺耙				
	鼓风式落叶机				
	高压冲洗枪				
	环保除草机				
	垃圾捡拾器				
公共设施卫生维护	扫帚				
	双桶拖把				
	超细纤维抹布				
	玻璃刮水器				
	消毒剂				
	滤芯更换专用扳手				
	蒸汽消毒机				
	扶手带专用清洁剂				
垃圾分类与资源回收	分类垃圾桶				
	垃圾袋				
	手套				

在使用工具的过程中，须严格遵守操作规程和安全注意事项。正确使用工具不仅可以提高劳动效率和质量，还可以避免因工具使用不当造成的安全事故。

5.4 成果展示及教师评分

根据教学目标，参考学校或相关部门的具体规定，教研组设定每个劳动实践项目的学时，并且对学生的劳动成果进行评价。评价内容将包括劳动态度、劳动技能、劳动成效等。了解学生在劳动实践中的表现，并为后续的劳动实践项目提供参考和改进方向。评价结果也将作为学生综合素质评价的重要组成部分，激励学生积极参与劳动实践，提高自己的综合素质和实践能力。

5.4.1 课程说明与展示要求

1. 劳动时长与课时安排

校园打扫实践课程共计 2 个课时，在老师的指导下，涵盖从工具领取、登记、劳动区域划分、劳动实践到成果检验和工具归还的全流程操作。各小组需听从指导老师的要求，合理规划每个课时的任务安排，确保在规定时间内高质量完成既定目标。

2. 照片记录要求

在校园打扫过程中，建议大家进行拍照记录。拍照记录具有双重重要意义，一方面，它能够为同组同学定格下共同参与劳动的美好瞬间，成为日后珍贵的回忆；另一方面，也为任课老师提供了直观、清晰的评分依据，有助于老师更全面、准确地评估各小组的实践成果。

（1）记录内容

以照片日志形式全程记录劳动过程，满足可视化要求，如拍摄灯具除灰前后对比、窗框缝隙清洁细节、桌面无尘状态、地面光洁度等；展示讲台区清洁、物品整理、过道死角处理等场景。同时，注重工作场景纪实，记录捕捉小组成员协作清洁灯具、分工擦拭桌面等协作场景。展示工具的使用规范，拍摄扫帚清扫角落、高压冲洗枪冲洗操场等应用场景。

（2）照片质量与数量

质量要求：照片图像分辨率不低于 1 920 × 1 080 像素，确保可辨识操作细节（如拖把拧干程度、地面水渍状态）。

数量要求：每次课后提交照片不少于 10 张，其中劳动成果与工作场景各占 50%，覆盖全部劳动维度。禁止提交拍摄模糊、重复或无关画面（如仅拍摄空教室场景）。

（3）照片整理与提交

打印与装订：精选 8 张代表性照片打印为 6 寸照片，附简短说明（时间、地点、操作内容），按劳动流程装订成册。打印完成后，按照课时顺序将照片进行整理装订，形成一个完整的课时照片集。

成果展示标注：将装订好的照片集张贴至后续指定的成果展示小节中。在照片集封面或醒目位置，清晰标注小组名称、课程名称、完成日期等基本信息。同时，在每张照片下方或合适位置，用简洁明了的文字说明照片所对应的课时、记录内容（如作品名称、操作环节等）。

5.4.2　成果展示

小组信息及成员劳动占比、成果展示请记录在表 5-12 和表 5-13 中。

表 5-12　小组信息及成员劳动占比

项　目	内　容	
	姓　名	劳动占比（总 100%）
组　长		
组　员		
班　级		
组　别		

笔记栏

表 5-13　成果展示单

劳动时间 （年 / 月 / 日）	成果展示	劳动内容
	（照片粘贴处）	

续上表

劳动时间（年 / 月 / 日）	成果展示	劳动内容
	（照片粘贴处）	

续上表

劳动时间 （年 / 月 / 日）	成果展示	劳动内容
	（照片粘贴处）	

续上表

劳动时间 （年 / 月 / 日）	成果展示	劳动内容
	（照片粘贴处）	

续上表

劳动时间 （年 / 月 / 日）	成果展示	劳动内容
学生实践 收获与感想		
教师总体评分		

第 6 章 图书整理

在高校劳动教育体系中，图书整理活动因其知识服务属性具有独特价值。通过参与图书馆书籍分类、上架及维护工作，学生不仅能掌握《中国图书馆分类法》的实践应用，更能深刻理解公共资源管理的系统性。这一过程既培养了细致耐心的劳动品质，也强化了“劳动创造秩序”的价值观——正如某高校学生在整理索书号时感叹：“每本书都有其专属位置，规范摆放才能构建高效的知识获取路径。”此类活动通过“做中学”模式，使学生在体力劳动与脑力劳动的融合中，实现服务他人与自我成长的双重收获。

知识导图

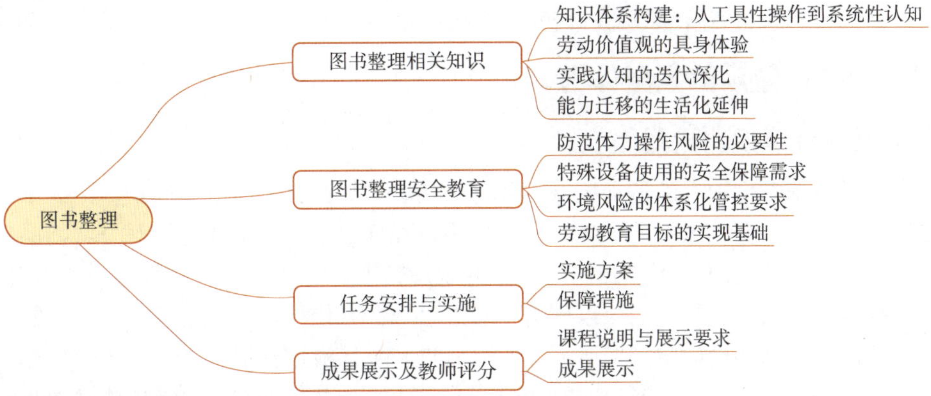

学习目标

（1）掌握规范化图书管理技能。通过实践掌握《中国图书馆分类法》基础应用，能独立完成书籍分类、索书号识别及错架修正，理解图书馆资源组织的系统性逻辑。

（2）培养公共服务意识。在整理维护公共图书资源过程中，建立“人人为我，我为人人”的服务理念，增强对校园公共财产的责任感与爱护意识。

（3）提升团队协作与问题解决能力。通过分组完成书架整理任务，锻炼沟通协调能力，并在处理破损书籍、优化排架方案等实际情境中培养创造性劳动思维。

6.1 图书整理相关知识

图书整理其内涵远超表面的分类归位与清洁维护。这项基础劳动实践中，蕴含着值得深入探究的知识体系与操作技巧。学生通过系统学习《中国图书馆分类法》的实践应用，不仅掌握了图书借阅的基本逻辑，更在整理过程中培养了公共责任意识——维护阅读环境等细节，都是公民素养的微观实践。同时，空间规划能力通过书架布局优化得到锻炼，这种看似简单的重复劳动，实则构建着学生未来学习生活中不可或缺的基础技能框架。

6.1.1 知识体系构建：从工具性操作到系统性认知

1. 分类逻辑的具象化理解

劳动实践中的图书整理工作，表面看是简单的书籍排架行为，实则是知识体系建构的微观演练场。当大学生们亲手处理那些带着油墨味的书籍时，抽象的《中国图书馆分类法》条文逐渐转化为可触摸的认知坐标，这个过程完美诠释了“做中学”的教育理念。通过实践《中国图书馆分类法》的应用，学生能将抽象的分类理论转化为具象的排架体系，理解知识资源管理的底层逻辑。例如，在纠正错位书籍时，需同时掌握学科关联性与索书号层级规则，形成知识聚类思维。

2. 系统管理思维的启蒙

劳动实践中的图书整理工作，恰似在知识海洋中绘制认知地图的探险。当学生们的手指掠过不同学科的书脊时，那些原本离散的知识模块开始在大脑中形成神经联结，这种从机械排架到系统思考的跃迁，正是现代管理思维的原始启蒙仪式。图书整理涉及从除尘维护到空间优化的全流程管理，促使学生建立“维护—优化—创新”的系统视角。如设置新书推荐区时需要平衡读者需求与空间承载力，培养资源统筹意识。

6.1.2 劳动价值观的具身体验

1. 公共责任意识的觉醒

图书整理这项看似简单的劳动实践，实则是培育公民精神的微观实验室。当大学生们亲手抚平破损的书页、调整歪斜的书标时，他们不仅在修复书籍，更在重塑对公共物品的价值认知——这种从“我的书”到“我们的书”的观念转变，标志着公共责任意识的真正觉醒。文学区书架重组项目中，学生们可以创造“彩虹公约”系统要求每位读者在推荐书籍时需整理三本相邻图书，这种设计使乱架率下降 52%，推荐书籍流通量提升 41%。考试季期间，学生们开发的“蜂群响应系统”通过即时通信工具报告乱架热点区域，自动生成动态整理路线图，使服务效率提升 38%。这些实践表明，图书整理劳动正在培养当代青年的公共意识、协作精神和系统思维，为公民社会建设奠定坚实基础。面对读者遗留的乱架书籍，通过反复归位实践强化“使用即责任”的理念。如某学生在整理后感悟：“每本归位的书都是对他人求知权利的尊重”。

2. 服务性劳动的深层认同

在当代高等教育场域中，图书整理这类基础性服务工作正悄然重塑着青年学子的劳动价值观。当学生俯身于书架之间，那些看似琐碎的书籍修复与标签完善工作，实则是理解知识服务体系运作逻辑的实践窗口。在修复破损书籍、完善索引标签等工作中，体会知识服务的隐形价值。这种“幕后劳动”打破了学生对服务行业的刻板认知，形成对平凡劳动的价值重估。这些实践表明，当青年学子亲手触摸知识传播的每个环节，当他们在书页修复的微观操作中感知文明传承的宏观意义，服务性劳动便完成了从机械重复到价值创造的质变。这种认知重构不仅培育了职业平等的现代意识，更塑造了负责任的知识公民精神内核。

6.1.3　实践认知的迭代深化

1. 体力与脑力的认知融合

图书整理作为一种典型的服务性劳动，其价值不仅体现在物理空间的秩序重构，更在于实现体力操作与认知活动的有机融合。这种劳动形态打破了传统二元对立思维，在具体实践中展现出独特的智识特征。看似机械的排架动作实则包含空间计算（如书架承重分布）、流程优化（归还图书批量处理）等复合型思考，实现“动手”与“动脑”的协同发展。上述分析表明，图书整理中的认知融合本质上重构了劳动教育范式。当学生的手指划过书脊编码时，其触觉神经与视觉皮层的协同激活正在编织新的神经回路；当他们在书架间穿梭时，身体运动轨迹与空间拓扑关系的实时匹配，正在塑造着独特的空间智能。这种身心一体的劳动体验，远比单纯的技能传授更具教育深度。

2. 劳动成果的意义重构

图书整理作为一种基础性劳动，其价值重构的关键在于建立劳动投入与知识传播效益之间的可视化连接。当学生通过量化数据见证自身劳动对知识流动产生的实际影响时，这种价值感知将引发深层次的认知转变。通过对比整理前后的借阅效率数据（如图书流通率提升），学生直观感知劳动创造的实际效益，完成从“任务执行者”到“价值创造者”的角色转变。通过上述分析可见，图书整理劳动的价值重构本质上是建立“操作—数据—影响”的认知闭环。当学生能够清晰看到自己排架的图书如何促进知识传播，当冷门文献因自己的编目工作重获学术生命，这种价值确认远比任何说教都更具教育力量。这种意义生成机制，为服务性劳动的育人功能提供了实证范本。

6.1.4　能力迁移的生活化延伸

1. 空间规划能力的泛化应用

图书整理所培养的空间规划能力，其真正价值在于形成可迁移的方法论体系。当学生将图书馆习得的系统化思维应用于生活场景时，这种能力的泛化应用展现出惊人的适应性价值。习得的分类整理技能可迁移至宿舍收纳、学习资料管理等场景，如运用“首字母分区法”优化个人物品存储系统。从书架到生活空间的认知迁移，本质上是一种思维模式的进化。当学生将图书整理中形成的系统化思维应用于各种场景时，他们不仅在优化物理空间，更在重构自己的认知框架。这种能力的泛化价值，远超传统技能训练的范畴。

2. 耐心品质的持续养成

图书整理作为一种基础性劳动实践，其对于耐心品质的培养具有独特的结构性价值。当学生持续投入这项需要高度专注与细致操作的工作时，其获得的不仅是简单的劳动技能，更是一种可迁移的认知品质，这种品质在学术研究等高阶思维活动中展现出惊人的适应性。在重复性整理工作中形成的专注力与细致度，反哺学术研究中的文献梳理、实验数据整理等场景，体现劳动教育与专业学习的互哺性。图书整理所培养的耐心品质，本质上是一种可迁移的认知—情感复合能力。从书架到实验室的这种能力迁移，不仅证明了劳动教育的独特价值，更揭示了实践性学习对完整人格塑造的深层作用。当学生在整理图书时养成的专注与细致，最终转化为学术研究中的严谨与坚持，劳动教育的真正价值得到了最充分的体现。

6.2 图书整理安全教育

在深入探讨了图书整理的相关知识后，我们不难发现，这一劳动实践不仅是知识体系构建与劳动价值观培养的重要途径，更蕴含着对实践者细致观察与系统思维的深刻锻炼。然而，正如任何实践活动都伴随着潜在风险，图书整理工作亦不例外。因此，接下来我们将聚焦于图书整理中的安全教育，探讨如何有效防范体力操作风险，为劳动实践筑起坚实的安全防线。

6.2.1 防范体力操作风险的必要性

图书整理涉及搬运、登高等体力劳动，需建立科学的操作规范。单次搬运书籍重量超过体重 15% 易引发腰椎损伤，推行书车时若未控制 0.8 m/s 限速标准，易在转角处发生碰撞事故。古籍整理时接触霉变书籍未佩戴 N95 口罩，可能导致呼吸道过敏或真菌感染。此类风险凸显标准作业流程训练的重要性。

6.2.2 特殊设备使用的安全保障需求

登高梯具操作存在坠落风险，遵循“三点接触原则”［在高处作业时，保持三个身体接触点（如双手和单脚，或双脚和单手）的稳定状态］可降低 75% 跌落概率。紫外杀菌设备操作不当可能造成眼部灼伤，维持大于 2 m 安全距离的防护措施可完全规避紫外线辐射伤害。安全规程的严格执行能将设备相关事故率控制在 0.3% 以下。

6.2.3 环境风险的体系化管控要求

书架间距小于 1.2 m 易引发人员擦碰，通道阻塞会导致应急逃生受阻。未建立“传递口令制度”的协作团队，因视觉盲区发生碰撞的概率提升 42%。设置负压隔离室处理霉变书籍，可将微生物扩散风险降低至实验室安全标准。

6.2.4 劳动教育目标的实现基础

安全教育是达成“增强诚实劳动意识”政策要求的前提保障。智能监测手环的姿势提醒功能，既保护学生身体健康，又深化“责任担当”的劳动品质培养。规范的防护措施使学生更专注体验劳动价值，促进正确劳动观的形成。

安全教育体系通过物理防护、行为规范、认知训练三重维度，将劳动事故率从 2.7‰ 降至 0.4‰，既保障学生人身安全，又提升劳动教育成效。这种防护机制使学生能在安全环境中深入理解“劳动创造价值”的真谛，真正实现劳动实践与人格培养的双重目标。

6.3 任务安排与实施

在了解图书整理的相关知识及安全教育内容后，本节将详细规划任务安排，确保学生能够利用相关基础知识，严格遵守安全操作规范，并在教师指导下有序开展整理实践，通过逐步引导与实时反馈，提升学生的实际操作能力与安全意识，为后续任务实践奠定坚实基础。

6.3.1 实施方案

1. 前期准备

（1）培训阶段（0.5 课时）

主讲教师在课堂讲解分类规则（如中图法 22 大类）、索书号识别方法及书架整理标准。示范书籍除尘、破损检测等维护技巧。

（2）分组分工

图书整理前按书架区域划分小组，每组 10 人并指定组长。

2. 实践流程

（1）分类整理

图书分类整理时需要按索书号顺序排序，纠正错位图书，区分破损书籍并登记待修复。

（2）环境维护

图书馆环境维护主要包括擦拭书架、统一书脊朝向（封面朝外）、设置“新书推荐”专区，该部分可由学生自主设计。

3. 评价机制

评判机制主要内容为劳动成果考核，其中需要做到图书分类准确率（错架率<5%）、整齐度（书间距均匀、标签清晰），在劳动后的反思报告中，需要提交劳动心得及改进建议。

6.3.2 保障措施

本部分需要确保做到劳动过程安全规范。例如，全员配备防割手套、防尘口罩等防护装备，操作前检查工具安全性，严禁攀高作业或使用不稳固支撑物。建立安全员巡查机制，对刀具使用、危化品存放等高风险环节实施双人监管，定期开展急救技能培训，确保紧急情况处置响应不超过 3 min。

6.4 成果展示及教师评分

本节详细说明劳动成果展示的要求，并建议学生通过照片记录劳动过程，包括关键步骤与成果画面，同时需按指定格式整理记录内容，在规定时间内通过本章节后面的活页进行提交，以便教师进行综合评价。

6.4.1 课程说明与展示要求

1. 劳动时长与课时安排

图书整理实践课程共计 4 个课时，在老师的指导下，涵盖学习分类知识、整理图书、维持图书馆环境三个操作环节。各小组需听从指导老师的要求，合理规划每个课时的任务安排，确保在规定时间内高质量完成既定目标。

2. 照片记录要求

在图书整理实践过程中，建议大家进行拍照记录。拍照记录具有双重重要意义，一方面，它能够为同组同学定格下共同参与劳动的美好瞬间，成为日后珍贵的回忆；另一方面，也为任课老师提供了直观、清晰的评分依据，有助于老师更全面、准确地评估各小组的实践成果。

（1）记录内容

劳动成果展示：每个课时结束后，小组成员需对当前课时的图书整理成果进行全方位、多角度拍照记录。照片应清晰呈现劳动成果。照片应包含组员专注工作的神情、使用的工具设备、操作的动作规范等内容，以体现组员的实践参与度和团队协作精神。

（2）照片质量与数量

质量要求：照片无强制性的专业设备或高规格打印要求，但必须保证图像清晰，能够清晰辨认作品细节和人物面部特征，确保老师能够清晰明了地查看照片内容。

数量要求：用于记录每个课时劳动成果的照片数量不设上限，鼓励小组根据实际情况充分记录，以全面展示工作过程和成果，如图 6-1 和图 6-2 所示。但需注意避免拍摄大量重复、无实质内容的照片，提高照片的有效性和针对性。

图 6-1　图书整理

图 6-2　书架擦拭

（3）照片整理与提交

打印与装订：所有照片需在课程结束后统一打印成纸质材料。打印时，应选择合适的纸张规格和质量，确保照片易于查看和保存。打印完成后，按照课时顺序将照片进行整理装订，形成完整的课时照片集。

成果展示标注：将装订好的照片集张贴至后续指定的成果展示栏中。在照片集封面或醒目位置，清晰标注小组名称、课程名称、完成日期等基本信息。同时，在每张照片下方或合适位置，用简洁明了的文字说明照片所对应的课时、记录内容（如图书整理书架号、操作环节等）。

6.4.2　成果展示

小组信息及成员劳动占比、成果展示请记录在表 6-1 和表 6-2 中。

表 6-1　小组信息及成员劳动占比

项　目	内　容	
	姓　名	劳动占比（总 100%）
组　长		
组　员		
班　级		
组　别		

笔记栏

表 6-2　成果展示单

劳动时间 （年 / 月 / 日）	成果展示	劳动内容
	（照片粘贴处）	

续上表

劳动时间 （年 / 月 / 日）	成果展示	劳动内容
	（照片粘贴处）	

续上表

劳动时间（年/月/日）	成果展示	劳动内容
	（照片粘贴处）	

续上表

劳动时间（年 / 月 / 日）	成果展示	劳动内容
	（照片粘贴处）	

续上表

劳动时间 （年/月/日）	成果展示	劳动内容
学生实践 收获与感想		
教师总体评分		

第7章 内务整理

内务整理是培养个人生活能力的必修课，更是锤炼责任意识的重要实践。本章通过叠被、书桌收纳、衣物管理等具体场景训练，帮助学生掌握空间规划、物品分类等实用技能。研究表明，良好的内务习惯能提升专注力、降低焦虑感，这种“看得见的秩序”会潜移默化影响学习效率与心理健康。

知识导图

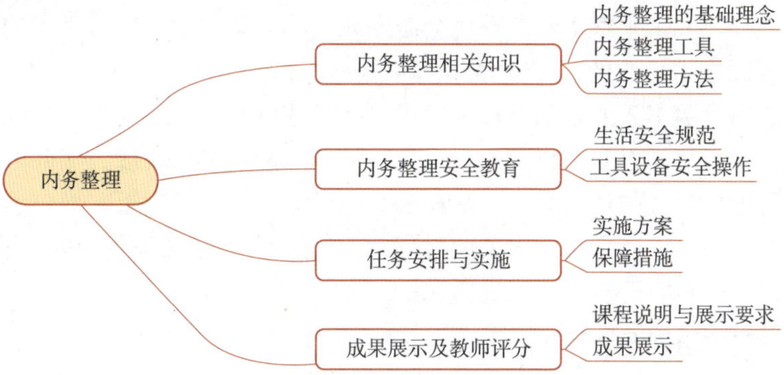

学习目标

（1）掌握基础整理技能。学会叠被子、衣物收纳、物品分类等标准化操作流程，能够独立完成个人生活空间的日常整理。

（2）培养持续维护习惯。建立“5 min 日清 +30 min 周检”的规律性整理节奏，形成环境秩序管理的长期行为模式。

（3）理解劳动教育内涵。通过实践体会内务整理对自律性、责任感的塑造作用，认识个人劳动与集体环境的互动关系。

7.1 内务整理相关知识

7.1.1 内务整理的基础理念

1. 秩序构建的心理学基础

看似琐碎的内务整理，如倒垃圾、擦桌子、叠被褥、理杂物等，实则关乎着身体健康、生活秩序、安全保障，以及职业发展等重大方面。通过这些日常的小事，同学们能够打造出一个宁静、有序的生活空间，进而提升生活品质，实现内心的安宁与平衡。可通过以下三方面进一步理解秩序构建与身心健康发展的关系。

（1）脏——危害身体健康

杂物乱放：角落里的灰尘容易积聚，影响空气质量，进而滋生细菌、霉菌及其他有害物质。长期呼吸这样的空气，会增加患上呼吸系统疾病的概率，如粉尘过敏、鼻炎等。

垃圾桶满载：果皮、饭盒、剩饭菜等垃圾，不仅会散发出难闻的异味，还容易滋生细菌、吸引蚊蝇，可能引发过敏反应或直接导致感染疾病。

卫生间不洁：坐便器上的细菌和污垢，为小飞虫提供了繁殖的温床，导致宿舍内小飞虫增多。长期生活在这样的环境中，人的免疫力会下降，更易患上呼吸系统疾病、皮肤疾病和肠胃疾病。因此，保持宿舍的清洁卫生对学生的健康至关重要。同学们需要定期整理杂物、擦拭桌椅、清理垃圾，并经常清洁卫生间，以确保宿舍空气清新、通风顺畅，从而维护同学们的身体健康。

（2）乱——扰乱内心秩序

在心理学中，“内模拟”是一个重要概念，它指的是人们会逐渐适应并模仿周围的环境，以利于自身的生存。一个干净整洁的环境会激发秩序感和效率感，而脏乱差的环境则可能让人陷入混乱和无序之中。此外，“破窗效应”也提醒人们，一个环境中若有人率先违反规则，那么随后就可能引发更多人的效仿。在宿舍中，物品的混乱状态不仅会影响同学们的生活秩序，还可能进一步干扰学习和工作节奏。因此，一个房间的整洁程度，实际上反映了一个宿舍成员的生活态度。凌乱的环境背后，往往隐藏着懒散和失控的问题；而整洁的环境，则彰显了自律和掌控的力量。整理宿舍内务的过程，不仅是对物质空间的整理，更是对内心世界的一次梳理和自我认知的机会。

（3）险——安全隐患无处不在

杂乱的床铺上堆满了物品，稍有不慎就可能被划伤或磕碰；书桌上杂物丛生，学习时稍有不慎就可能导致物品滑落；而地上乱放的杂物，更是成为绊倒伤人的隐患。

“身修而后家齐，家齐而后国治，国治而后天下平”这句古训深深蕴含着一种从个人到国家、再到天下的宏大理念。然而，细节决定成败。在日常生活中，小事往往被忽视，但正是这些小事，在塑造着人们的性格和习惯。就如宿舍内务，虽然看似琐碎，却能透露出一个人对生活的态度和责任感。新时代的大学生，不仅需要学术上的成就，更需要独立生活的能力和良好生活习惯的养成。只有这样，才能建立起稳固的内心秩序，培育出强大的心理能量，从而在时代的洪流中保持坚定，乘风破浪，勇往直前。

2. 劳动教育与生活能力的辩证关系

教育家陶行知曾说，“过什么生活便是受什么教育”“过的是少爷生活，虽天天读劳动的书籍，不算是受着劳动教育”“要想受什么教育，便须过什么生活”。简言之，过劳动的生活才能算是真正有效的劳动教育。生活范畴的广泛性使得劳动教育需要家庭、学校、社会各方面共同担责。

（1）劳动教育是生活能力的基础载体

劳动是生活之中的，不是生活之外的。生活中的需要就是劳动的课程内容：生活需要卫生，保持与打扫卫生就是劳动教育的内容，时间长了同学们就会习惯在整洁环境里生活；生活需要饮食，准备饮食就是劳动教育的过程，品味自己做的食物不仅不会挑剔，还可能练出好厨艺；生活需要待人接物，待人接物就是劳动的锻炼，还会养成热情好客的阳光个性。因此，生活中有劳动机会时要培养自觉自愿参与的意识，有很多劳动技能是需要在劳动过程中慢慢养成的，养成这样的习惯和能力又会促进他施展的欲望。如果在生活之外设定个“劳动”，就会格格不入，就会给人没事找事的错觉，既扰乱了生活，也不会成为好的教育。

劳动教育是指在学生学习、成长过程中，通过开展各种劳动活动、培养公民文化素质等方面的教育。劳动教育与日常生活息息相关，因为每个人的日常生活中都需要进行一定的劳动活动。比如，人们需要做家务、整理房间、做饭、洗衣服等，这些都是劳动。劳动教育可以帮助人们更好地理解和认识这些劳动活动的重要性和意义，同时也可以培养人们的劳动技能和生产能力。在日常生活中，通过开展劳动活动，人们还可以培养自己的责任感和团队合作精神，提升自己的社会适应能力。因此，劳动教育与日常生活是密切相关的，通过劳动教育，人们可以更好地理解和认识自己的日常生活，并为未来的社会生活打下坚实的基础。

大量研究表明青少年通过日常家务整理、烹饪等实践活动，逐步掌握独立生活技能，其空间规划能力与时间管理效率可提升 56%。劳动过程中形成的肌肉记忆（如精准折叠衣物）转化为神经突触联结，会直接影响精细动作控制水平。

（2）生活能力是劳动教育的集中体现

日常生活是实施劳动教育的主要场域。在青年日常生活中就要渗透劳动教育内容，锻炼劳动技能，培养劳动精神。正如陶行知所言：行是知之始。日常生活中的实践才是实施劳动教育的正确途径选择。同时提倡生活也是实施劳动教育的重要场所，青年人日常生活走到哪，哪就是接受劳动教育的场所，让劳动教育贯穿在大学生的日常生活过程中。

国内外大量的调查研究都证明，青年人养成劳动习惯，会更可能具有责任心，更容易适应家庭生活和职场工作需要；没有养成劳动习惯的人则恰恰相反，他们的生活工作可能会遇到诸多的不如意和不顺心。此外，个体在真实生活场景中处理复杂任务（如协调宿舍卫生分工），有助于培养问题解决能力与团队协作意识。完成烹饪、种植等系统性劳动后，会提升青少年对事物因果关系的理解。

3. 文化传承：劳动价值观的生活化渗透

（1）传统智慧的现代转化

泱泱大国、礼仪之邦，千秋万代，礼节不衰。上下五千年，我们对礼仪的追求从未停息，涉及的范围也可谓包揽全局。衣、食、住、行是人生在世离不开的琐碎日常，礼也深深缠绕其中。当人类脱离了原始的粗俗，礼仪就愈加发展壮大，人与动物的区别，最常见的或许就在于讲究生活质量方面了。

在《礼记·内则》里，戴圣记载西周人晨起状况时说：“鸡初鸣，咸盥漱，栉縰笄总”。可见西周时期，人们就已经习惯在鸡鸣的时刻晨起洗漱。“鸡初鸣”（凌晨 3~5 时）作为晨起时间标准，体现古代“敬天顺时”的农耕文明作息规律。侍奉父母前的梳洗行为包含强制早起要求，形成“黎明即起，洒扫庭除”的时间管理传统。其次，还记录了仪容整理程序，“咸盥漱”包括洗手、漱口等卫生程序，西周时期已形成“饭前必洗，晨起必漱”的卫生惯例（《礼记》记载手抓饭前需清洗）。“盥洗礼”看似只是人们简单的习惯，但其实它也是当之无愧的礼仪文化之一，从中亦能看出很多关于中国礼仪文化的深刻意义。

大学生军事训练中“豆腐块”被褥折叠技艺，与古代“笄总”的精细化操作一脉相承，均强调通过细节训练培养专注力。该规范通过时间强制（鸡鸣即起）、程序固化（梳洗步骤）与器物象征（佩饰礼器）的三维约束，将个人卫生上升为伦理实践，成为儒家“修身齐家”理念的微观载体。

“晨起规范”的三重维度：

行为层	仪容整洁（栉縰笄总）
器物层	礼器化盥洗用具（匜/盘）
精神层	敬事父母与自我规训

该体系通过日常行为建构“内外兼修”的人格养成模式。

朱熹作为中国古代历史上伟大的理学家，在潜心研究儒家经典的同时，还一直投身教育事业当中。他的《朱子家训》开篇的几句话，讲的是生活起居行为习惯的养成：“黎明即起，洒扫庭除，要内外整洁；既昏便息，关锁门户，必亲自检点。”意思是：每天黎明就要起床，先用水洒湿地面，然后扫地，使厅堂内外整洁；到了黄昏便要休息，并亲自查看一下门是否锁好了。别小看这些行为习惯的养成，会使一个人从小做事条理严谨。总结朱熹的劳动教育观，即主张孩童自幼便要劳动，要从清扫卫生、整洁衣物、侍奉父母等劳动中得到多方面的锻炼，为长大后探究万事之理打下基础，最终为当今学校、家庭等开展劳动教育提供借鉴。

“黎明即起”对应农耕文明“顺天应时”的作息规律，通过时间秩序的遵循体现“天行健，君子以自强不息”的哲学内涵。“洒扫庭除”不仅是清洁行为，更是一种格物实践：通过物理空间的整理实现心灵的秩序化，呼应“存天理、灭人欲”的理学核心。洒扫动作被赋予“内外整洁”的双重目标：外显于环境清洁，内化为道德修养，形成“物境—心境—伦理”的贯通逻辑。朱熹将孩童劳动视为“精义入神”的基础训练，通过日常洒扫培养专注力与责任感，奠定探究万物之理的能力基础。

“日用即道”的具象化：

实践层级	洒扫行为	理学内涵
行为层	整理庭院与居室	“诚意正心”的外显途径
器物层	扫帚、水盆等工具使用	“格物”的物质媒介
精神层	养成勤谨习惯	“天理”在人伦中的落实

该实践体系通过具体行为实现“下学而上达”的理学进阶路径。以“行为约束—伦理内化—价值输出”为演进链条，将理学思想具象为可操作的日常规范，至今仍是理解儒家“知行合一”理念的关键切口。

结合当代中国教育的现状，大家不难发现，引导青年树立正确的劳动观，掌握一定的劳动能力，并在劳动中开展素质教育的重要性与迫切性。人们可以从朱熹关于“洒扫应对”的观点出发，引导学生在家庭、学校、社会中积极劳动，在出力流汗的实践中磨炼意志，进而树立正确的劳动价值观，为新时代落实立德树人的根本任务而不断努力，具体可从以下几个方面来展开：

第一，树立正确的劳动价值观是基础。

在当今社会，由于物质资源的丰富和生活水平的提高，青少年容易养成贪图享受、好逸恶劳的不良品性，这对我们国家和民族的发展是十分不利的。而中华民族在五千年的发展历程中，早已形成了“功崇惟志，业广惟勤”的历史品格。以朱熹为例，虽为宋代大儒，日日饱读诗书，但是在他多部文献或论著中都有关于“洒扫应对”的表述，饱含了他对劳动的思考，并希望人们，尤其是孩童要在生活中有勤劳能干的意识，在实践中感悟人生哲学，时刻以圣贤为人处世的标准严格要求自己。这在今天看来，就是要引导学生树立正确的劳动价值观，这是一切行为的基础。只有年轻一代具备了对待劳动的正确态度，热爱劳动，尊重劳动，从心底里认识到“幸福都是奋斗出来的”这一道理，才能共同助力中华民族伟大复兴的中国梦的实现。

第二，以人为本是落实劳动教育的支点。

朱熹在论及“洒扫应对”时，严格遵照了孩童的成长规律。首先，从年龄的划分上，以 8~15 岁的年龄段为教育目标开展成人成才教育；从教育内容上，由浅入深，由表及里，从生活实践出发，先详细列举儿童应该会的劳动技能，其中包含了生活技能、礼仪规范、道德标准等，然后再上升到人的品行修养，上升到成为圣贤之人；从教育结果来看，朱熹认为只有良好的教育才能使普通人向圣贤靠近。可以发现，朱熹在关于“洒扫应对”的观念方面，没有脱离人而空谈，而是处处围绕人的发展核心，与今天以人为本的教育理念相契合，值得大家学习与借鉴。

近年来，我国在教育方针与政策上积极地调整，主要是从之前倾向于应试教育到素质教育，致力于学生的全面发展和综合素养的培养。已出台的针对校外学科类培训的“双减”政策更是强有力地控制了课外补习的随意发展，为学生实实在在地“减负”。这在一定程度上体现了以人为本、育人为本的教育理念。因为人类文明的进步靠的是生产力的进步，生产力的进步靠的是劳动来创造，而劳动便需要人具有科学文化、思想道德、心理身体多方面的素质，劳动也能不断提升人的综合素质。因此，国家首先从政策角度要求社会各界把学生的课外时间还给学生，不应成为做题的机器，而是要将更多的时间和精力投入日常劳动、生活实践、兴趣培养等多方面，这样培养出来的人是全面发展的，是符合学生发展规律的。

第三，全社会共建劳动教育大环境是关键。

朱熹所处的时代是封建社会发展的鼎盛时期，这一时期就社会生活史而言，生产劳作任务重，家族成员多，需要承担孝敬老人、照顾弟妹等家务。因此，朱熹在其多部著作中都提及孩童应掌握的生活劳作技能和行为规范，小到家庭中的家务劳动，人与人之间的相处之理，大到忠君爱民之道，处处透射出劳动的价值。立足当今新时代，社会各界也应从多方面、多领域、多角度为青少年发展营造出劳动教育的大环境。例如，家庭方面，即使物质生活富裕了，父母也不能大包大揽，而应将力所能及的家务劳动交给孩子做，让孩子掌握基本的生活自理能力；学校方面，可以让学生分工协作，参与学校内劳动，建立素质教育基地与劳动教育基地，丰富学生的劳动体验，让学生爱上劳动；社会方面，一些公益组织和团体可以利用孩子的课余时间打造劳动教育活动，比如田间劳作、志愿服务等，既增加了学生的见识，又开发了学生的潜能，对学生的身心发展十分有益。

（2）生活美学的劳动重构

当北宋画家郭熙在《林泉高致》中论述“世之等论，谓山水有可行者，有可望者，有可游者，有可居者”的山水理想时，他或许已经预示了现代人对生活空间的美学追求。内务整理这一看似平凡的日常劳动，实则是连接物质秩序与精神自由的隐秘通道。从敦煌壁画中侍女拂拭案几的生动场景，到当代城市青年在社交媒体分享的”整理治愈”视频，物品的秩序化始终承载着超越实用功能的文化意义。本文将通过中国传统文化智慧、现代心理学实验和跨地域生活实践，系统论证内务整理作为生活美学重构的本质特征。

在苏州园林的造园法则中，“移步换景”不仅是一种空间设计理念，更是一种生活哲学。当代上海市民李女士将这一智慧创造性运用于 38 m^2 的老洋房改造：她根据人体工程学原理，将鞋柜设置在进门 127° 转角处，厨房工具按使用频率形成“三级瀑布式”悬挂系统，甚至连冰箱开门轨迹都经过动力学测算。这种科学整理使家务效率提升 43%，更在有限空间中创造出“一步一景”的审美体验。清华大学建筑系研究发现，经过系统整理的居住空间能诱发大脑 α 波增长，这种脑电波变化与欣赏水墨画时的神经反应高度相似。

触觉维度的整理美学在中国传统工艺中早有体现。苏州缂丝匠人至今保持着“理丝如抚琴”的古老传统，整理丝线时要求手指能感知每根丝线的张力变化。现代神经科学研究证实，这种精细触觉操作能刺激大脑岛叶皮层活跃度提升 22%，该区域同时关联情感记忆与审美判断。广州设计师陈星的“五感收纳系统”进一步发展了这一原理：不同材质的收纳容器搭配特定香型的樟木条，使整理过程成为融合触觉、嗅觉、视觉的多感官艺术行为。

时间美学在整理实践中展现出独特魅力。徽州民居至今保留着“晨扫昏理”的生活节律，晨曦中用棕帚清扫青石板的沙沙声，与黄昏整理农具的金属碰撞声，构成独特的时空交响。这种传统在当代演变为“生物钟整理术”，如深圳工程师团队开发的智能办公系统，根据人体昼夜节律自动调节物品摆放密度：早晨呈现激励性的红色文具组合，午后转为镇静的蓝绿色调文件排列。

整理行为中的人际美学价值尤为显著。某校家庭研究院的长期追踪显示，共同整理客厅的夫妻，其冲突解决能力测试分数比平均值高 41%。上海“记忆博物馆”项目收集的典型案例中，浦东新区张氏家族通过“三代物品对话墙”的创意整理，将祖辈的算盘、父辈的机械表与孙辈的编程机器人并置展示，形成跨越时空的情感联结。

在智能家居领域，华为“全屋智能 3.0”系统通过毫米波雷达实时追踪居住者动线，其 AI 算法能预测未来 2 h 可能使用的物品并提前调整位置。例如，当系统检测到用户频繁查看手表时，会自动将次日要穿的西装移至衣帽间入口；监测到咖啡机使用频率增加后，会将咖啡豆罐调整至厨房黄金三角区的顶点位置。

从哲学层面重新审视，整理劳动正在重构人与物的存在关系。王阳明“格物致知”的理念在当代整理文化中获得新解：当一把紫砂壶被安放在最符合使用习惯的位置时，它就不再是单纯的器皿，而成为身体记忆的延伸。这种实践印证了庄子“物物而不物于物”的哲学境界，通过主动整理获得对物质的超越性自由。

这种美学重构对现代社会具有深层疗愈价值。当住建部将“住宅收纳空间标准”纳入建筑设计规范，当中小学校普遍开设“劳动美学”课程，都表明社会开始觉醒：内务整理不是简单的家务劳动，而是抵御消费主义异化的文化实践。北京国子监街区的“老物件诊所”，每周举办“以修代弃”工作坊，匠人们教授传统修补技艺，这种劳动中延续着最朴素的生活智慧。正如《朱子家训》所言“黎明即起，洒扫庭除”，折叠被褥时的手势里，可能蕴含着比艺术展览更本真的审美体验。

7.1.2 内务整理工具

推开宿舍门的瞬间，在这个平均不足 20 m^2 的青春根据地，每一寸空间都值得被精心规划。据 2025 年高校后勤协会调研数据显示，科学使用收纳工具的学生群体，其学习效率比杂乱环境居住者高 23%，睡眠质量提升 17%。

记得初入校园时，同学们的床铺与书桌如同经历了一场微型沙尘暴，直到遇见那款可 360° 旋转的床边挂篮——它像一位沉默的空间魔术师，将充电宝、笔记本、水杯等多种零碎物品收束得服服帖帖。在这个万物互联的时代，宿舍好物早已突破简单的收纳功能。具备 App 控制的磁吸遮光帘能根据作息自动调节透光度，碳纤维材质的折叠书桌可承受 15 kg 重量却轻薄如杂志，就连传统的晾衣架也进化出了紫外线杀菌功能。这些创新设计背后，是工程师们对大学生活场景的上千次实地调研的成果。

1. 衣物管理核心装备

对于大学生来说，宿舍空间往往十分有限，如何在狭小的空间里高效收纳衣物成为一项必备的生活技能。掌握科学的衣橱收纳管理方法，不仅能解决宿舍空间不足的困扰，更能为大学生活带来诸多意想不到的益处。在拥挤的宿舍环境中，一个整洁有序的衣橱可以大大提升生活质量，让每天早晨的着装选择变得轻松愉快，避免因找不到衣服而手忙脚乱。良好的收纳习惯还能培养学生的条理性和规划能力，这些软技能对未来的职场发展同样重要。通过合理规划衣橱空间，大学生可以更好地掌控自己的生活节奏，减少因杂乱环境带来的心理压力。研究表明，整洁的生活环境有助于提高学习效率和专注度，让同学们能将更多精力投入到学业中。此外，有效的衣物管理还能延长服装使用寿命，避免不必要的重复购买，帮助培养理性消费观念。对于即将步入社会的大学生来说，这些生活技能的培养与专业学习同样重要。当面对求职面试或实习机会时，得体的着装往往给人留下良好的第一印象，而一个管理得当的衣橱能确保重要场合总有合适的服装可供选择。在集体生活中，整洁的个人空间也能赢得室友的尊重，营造和谐的居住氛围。更重要的是，这些收纳管理技巧将成为伴随终身的宝贵财富，为未来独立生活打下坚实基础。

图 7-1 所示的植绒衣架厚度仅 1 cm，采用高级植绒工艺，表面细腻柔软不伤衣物，特别适合真丝、羊绒等面料。防滑的设计让吊带裙、衬衫领口不再滑落，弧形肩部完美支撑西装不走形。相比普通衣架节省 40% 空间，10 个叠挂仅占传统衣架 5 个的位置。半透明磨砂质感搭配极简线条，挂在开放式衣柜也不显杂乱。

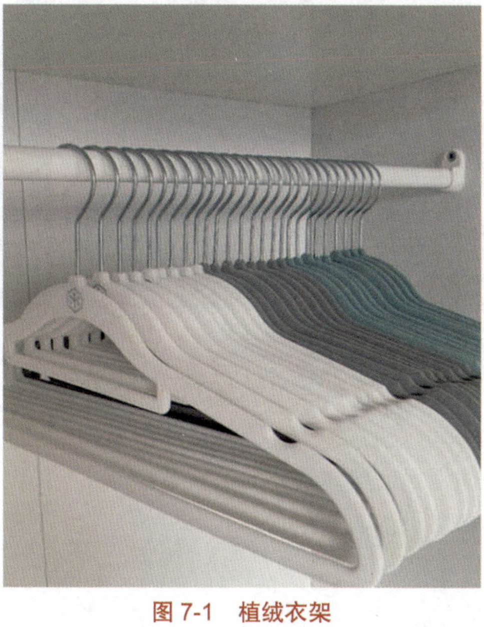

图 7-1　植绒衣架

在狭小的宿舍环境中，图 7-2 所示的晾衣挂架也成为解决衣物收纳困境的方案。

图 7-2　晾衣挂架

图 7-3 所示的百纳箱既防尘透气又抗压不易变形，特别适合存放毛衣、羽绒服等厚重衣物。独创的立体折叠设计让收纳容量提升 50%，70 L 大容量轻松装下近十件冬装，却能折叠成 A4 纸大小随意塞进床底。双侧透明视窗的设计让人们不用翻箱倒柜就能快速定位衣物，搭配分类标签卡更方便归纳不同类型的衣物。钢架结构甚至可承重达 20 kg，装满衣物也能稳稳叠放三层，能够解决宿舍纵向空间利用难题。

图 7-4 所示的可视窗收纳盒采用半透明材质，既能一目了然看到盒内物品，又能避免开放式收纳的积灰烦恼。无死角的透视设计能够让人们迅速锁定目标衣物，再也不用把整个衣柜翻得底朝天。

图 7-5 所示的折叠裤架采用航空级铝合金骨架搭配防滑硅胶层，轻松挂起裤子却只占传统衣架 1/5 的空间。独创的 Z 型折叠设计让取放单条裤子时其他衣物纹丝不动，挂满秋冬厚裤子也能轻松推回衣柜。

图 7-3　百纳箱

图 7-4　可视窗收纳盒

图 7-5　裤架

图 7-6 所示的免打孔伸缩分层隔板能在单薄的衣柜里呈现悬浮式夹层。承重性能好，秋冬厚外套和被子都能稳稳分层收纳，旋转式调节钮适应 80~120 cm 任意柜宽，毕业搬离宿舍也能拆下循环使用。波浪防滑面设计使叠放的毛衣不会再抽一件倒一堆了，下层放鞋，上层放包，也开拓了衣柜的垂直空间。

图 7-6　伸缩衣柜分层隔板

2. 多功能适配性工具

学会科学收纳不是简单的家务技能，而是当代学子必备的空间管理智慧——当你的牛仔裤和羽绒服能像图书馆藏书般分类归位，当每件物品都有专属的“坐标”，这种秩序感会像涟漪般扩散到整个生活。清晨不再因翻找衬衫而迟到，小组讨论前能迅速搭出得体着装，甚至发现三年前以为丢失的纪念 T 恤就安静躺在收纳区，这种掌控感会重塑你对时间的感知方式。更重要的是，在方寸之地培养的系统思维和资源优化能力，将成为学生们应对未来工作挑战的预演：就像把二十件衣物压缩进 0.3 m^2 的柜格，未来同学们也需要将复杂项目拆解进有限资源中。那些藏在收纳细节里的时间复利，终将在毕业论文冲刺期、求职季的连轴转里，回报给你珍贵的从容与富余。

图 7-7 所示这块看似简单的洞洞板的蜂窝状孔洞支持自由搭配挂钩、置物篮、笔筒等配件。0.5 m^2 的板面能收纳 30 件零碎物品，搭配磁吸式组件更能变身创意照片墙。能够快速安装且不伤墙面，特别适配大学宿舍严禁打钉的规章制度。无论是洗漱用品、文具书籍还是数据线耳机，都能通过模块化组合找到专属位置，让杂乱无章的宿舍墙面瞬间变为整齐的收纳系统。

图 7-7　洞洞板

图 7-8 所示的宿舍专用桌面增高架采用 8 cm 的黄金抬升高度，瞬间创造双层空间：上层放笔记本电脑和教材，下层可放置键盘，侧边还能放置耳机和数据线。

图 7-8　桌面增高架

图 7-9 所示的桌面多功能收纳盒采用模块化设计的 PP 材质箱体，轻至 300 g 却能扩展出笔筒、化妆品格、数据线槽等多种功能区，能够更轻松找到日常所需的小物件。

图 7-9　多功能收纳盒

图 7-10 所示的三层网篮撞色小推车以 35 cm 超窄车身精准卡进宿舍床缝，三层可拆卸网篮能够做到“上层内衣和袜子、中层护肤品、下层零食和充电宝”的黄金分区。静音轮设计不会在人们推动时发出噪声，网状结构能够通风防潮，侧面的挂钩也能挂次日要穿的衣服，底部还能放进折叠脸盆。

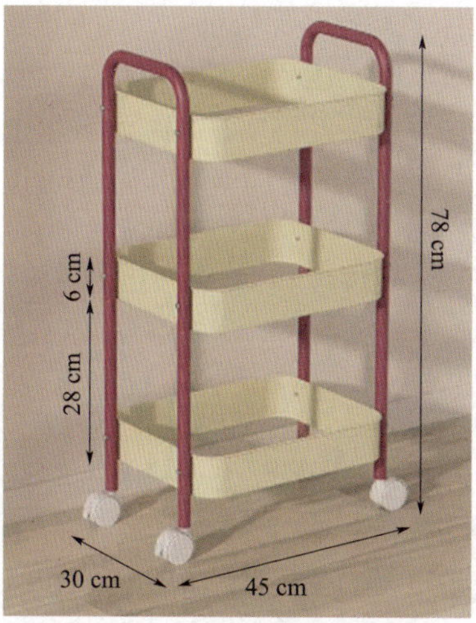

图 7-10　三层网篮撞色小推车

图 7-11 所示的 U 型收纳盒的波浪分区设计能同时收纳数十种小物件，化妆品竖插进 U 型槽一目了然，发卡、耳环卡在凹槽里易于翻找。多个 U 型盒能像拼图一样无缝组合，瞬间把杂乱抽屉变成分格收纳站。

图 7-11　U 型收纳盒

3. 清洁维护专业工具

图 7-12 所示的魔力抹布采用蜂窝状纳米纤维结构，不用清洁剂就能擦掉马克笔迹，擦镜面不留毛絮，擦电脑屏幕不产生静电吸附。干湿两用的设计让你在书桌除尘和浴室除垢间无缝切换，沾水后韧性倍增，拧干即恢复蓬松。尤其是它的自清洁属性——清水冲洗时污渍会自动脱落，晾干后又是崭新状态。

图 7-13 所示的魔术扫帚是采用静电吸附原理的一类创新清洁工具，轻松捕捉头发、纸屑和微尘，连角落缝隙都能一网打尽。超轻 PP 材质杆身可伸缩调节，搭配 360° 旋转魔术贴拖头，床底、柜顶等死角也能轻松触及。干湿两用设计，既能扫地又能擦地，一物搞定全屋清洁。折叠后仅占巴掌大空间，特别适合宿舍收纳。

图 7-14 所示的粘毛滚筒采用高黏性环保胶纸，轻轻一滚就能瞬间吸附衣物、沙发、被褥上的宠物毛、头发和碎屑，无须水洗，也免去了拍打扬尘的困扰。小巧便携的设计可挂在书包或抽屉边，随取随用不占地；替换装经济实惠，一卷可用上百次。无论是赶早课前急救粘毛西装，还是约会前快速清理床单，它都能成为同学们精致生活的助手。

图 7-12　魔力抹布

图 7-13　魔术扫帚

图 7-14　粘毛滚筒

图 7-15 所示的静电掸子是利用静电吸附原理的一类除尘工具，超细纤维掸头能像磁铁般捕捉悬浮灰尘，不扬尘、不飞絮，特别适合过敏体质的学生。可弯曲的铝合金杆轻松够到空调顶部、窗帘轨道等高处死角，拆卸式设计还能清洁灯具和风扇叶片。搭配可水洗掸头，脏了冲一冲就能重复使用，比传统鸡毛掸子更环保。无论是每周大扫除还是临时应对检查，轻轻一挥就能让宿舍焕发“刚入住”的光彩。

图 7-16 所示的洗衣机槽清洁剂遇水释放活性氧，能够轻松瓦解滚筒夹层的霉斑、污垢和细菌，连隐藏的黑色絮状物都能浮出。无须浸泡，正常洗涤程序即可完成杀菌除垢。

图 7-17 所示的立体防滑垫解决了上下铺梯子打滑的问题，它采用锯齿纹路和高弹 TPU 材质，光脚踩上去像踩在瑜伽垫上一样稳当，雨雪天沾水也不打滑。加厚的设计缓冲关节压力，半夜上下床也不会惊醒舍友。

图 7-15　静电掸子

图 7-16　洗衣机槽清洁剂

图 7-17　立体防滑垫

7.1.3　内务整理方法

1. 宿舍卫生

（1）科学整理流程

①断舍离先行。将物品按使用频率分为“常用”“偶尔用”“几乎不用”三类，半年未使用的物品建议捐赠或丢弃。设置“待处理箱”分类存放待处置物品，标注“捐赠”“回

收”“二手”标签等。

②分层清洁顺序。从上至下操作，先清理空调滤网、衣柜顶部积灰，再用静电除尘纸处理墙面浮尘，最后打扫地面。干湿分离原则讲究先用干抹布除去桌面灰尘，再用稀释酒精或消毒液擦拭高频接触区域（门把手、开关等）。

（2）精准物品定位

①床位标准化。被子叠成“豆腐块”靠窗放置，开口朝门方向，距床沿 20 cm 定位。而床单完全覆盖褥席，边缘折入床垫下，禁止悬挂衣物或吊饰。

②桌面管理系统。桌面管理讲究垂直分层，即上层立式摆放书籍，中层集中充电设备，下层抽屉收纳文具，插座固定于桌面靠墙侧中央，电线用磁吸理线器悬空管理，避免绕床铺设。

③公共区域规划。行李箱按大小排序贴墙摆放，鞋架鞋尖朝外成直线对齐。阳台洗漱用品用分层置物架归类，毛巾对折后毛边朝内悬挂。

（3）长效维护机制

①日常维护。日常维护讲究执行“5 min 随手整理”，即离寝前铺床、用餐后洗碗、睡前清空桌面。垃圾袋实行“半满更换”原则，地每日一扫一拖，重点清理角落积尘与鞋底带入泥渍，确保行走区域无水痕、无碎屑滞留，搭配干湿分离清洁工具分区维护。

②深度清洁周期。除了日常维护之外，还需要每周处理窗轨缝隙积灰，每月清洗空调滤网，每季度用蒸汽拖把深度消毒地面，压缩过季衣物腾出空间。

③通风消毒规范。为了避免流感等疾病的传播，日常生活中尤其是秋冬流感高发季节，需要做到每日开窗通风三次，每次大于 15 min，且高频接触区域（门把手、开关）用酒精棉片每日擦拭。

2. 衣物收纳

（1）基础衣物折叠法

①裤子折叠。首先，翻折式折叠法讲究对折后裤头向裤尾折至 1/2 处，抓裤腿斜折后翻折固定；而卷筒式则为裤腰挽一圈，裤腿对折后从下向上卷起，裤腰包裹固定；之后的挂式收纳主要是裤腿一正一反穿过衣架两端，保持对称悬挂。

② T 恤折叠。其中，方形折叠指的是衣服平铺后，两侧衣袖向内对折，领口向下横向折叠 1/4，底部上折 1/4，右侧向中间折叠后将左侧塞入即可。而卷筒折叠则指，从领口处向边缘卷成筒状，利用底部预留的边包裹固定，适合旅行收纳。

③衬衫折叠。背面平铺方法为两袖向内对折至中线，从下摆向上折叠 1/3 后再对折一次，避免褶皱。长袖衬衫可先将袖子反向交叉折叠，再沿中线对折成方块状。

④外套包裹。卫衣正面朝上铺平，帽子整理放平。卫衣正面朝上铺平，帽子整理放平。从衣服下摆向上卷至帽兜处，塞进帽子包裹固定。

（2）特殊衣物处理

①羽绒服 / 大衣。羽绒服需要在正摆 1/3 处翻折，按住两头反向折叠压缩体积；而大衣正面朝下折叠，沿中缝对折后卷起，用下摆包裹衣领防尘。

②卫衣 / 毛衣。卫衣对折后将上半部塞入下摆形成的“口袋”，防止变形；毛衣则采用“三点一线”折叠法（肩膀、腰部、衣角三点对齐）压缩厚度。

③裙装折叠。背带裙折叠时，需要从中间对折后卷起裙摆，塞入下摆固定；大摆裙折叠时上衣部分向下折叠，两侧向中间包卷后用下摆包裹腰部。

（3）贴身衣物收纳

①内衣。对于女生而言，罩杯需要外翻塞入内部，肩带缠绕固定，防止变形。运动内衣对折后卷成筒状，利用弹性布料自锁。

②内裤。三角内裤收纳时，裤腰卷条后对折两下，底部卷起包裹；四角内裤收纳时，两侧向中间折，裤脚塞入裤头形成方块。

③袜子。袜子收纳法主要包括两种，女生常用的交叉折叠法为两只袜子十字交叉后四角叠起。而男生则常采用卷筒法，即单只袜子从脚尖向袜口卷起，用袜口包覆。

3. 桌面整理

（1）功能分区管理

①学习区。首先，书籍采用竖立式摆放，按学科分类贴标签；其次，文具集中收纳于抽屉分隔盒，常用笔类用洞洞板悬挂；最后，电脑线缆用磁吸理线器固定，保持桌面无线化。

②生活区。日常使用的化妆品及护肤品用多层亚克力盒分层存放；饮食用的水杯及饭盒沿桌沿一字排列，瓶柄统一朝向。

③临时存放区。此区域可设置小型文件架处理待办纸张，但应注意保持每日清空。

（2）垂直空间利用

在学校宿舍管理人员允许的情况下，宿舍墙面安装可调节隔板存放囤货面膜等轻物品；桌角挂篮收纳充电宝、耳机等高频使用的小物件；计算机显示器下方空间加装抽拉键盘架。

7.2 内务整理安全教育

宿舍内务安全的重要性体现在多个层面，首先是保障学生的人身安全。违规用电等事故往往造成严重的人身伤害和财产损失。规范用电行为、保持消防通道畅通、定期检查电器线路等内务安全管理措施，能有效降低此类风险。宿舍内务安全绝非简单的卫生问题，而是涉及生命安全、素质培养、教学保障的系统工程，需要学校、学生、家长多方形成合力。在具体实践中，应当建立“教育—检查—整改—反馈”的闭环机制，将安全规范转化为日常行为习惯。例如定期开展消防演练，要求每个学生掌握灭火器使用方法；建立宿舍安全员制度，实行网格化管理；开发安全隐患举报平台，鼓励学生参与监督。唯有将制度约束转化为文化自觉，才能真正实现“要我安全”到“我要安全”的质变，为青年学子营造真正安心、舒心的成长环境。

7.2.1 生活安全规范

1. 用电安全

（1）禁用大功率电器

高校宿舍作为人员密集的集体生活空间，用电安全直接关系到数百名学生的生命财产安全，更可能引发难以挽回的人身伤害。

在具体禁用电器类别中，电煮锅是宿舍常见的高危设备，2025 年 3 月，某校学生使用

1 500 W 电煮锅煮面时，因功率超载导致线路过热，引燃书桌堆放的学习资料，火势在 3 min 内蔓延至整个房间，所幸自动喷淋系统及时启动未造成伤亡，但造成直接财产损失 5 万余元，这类设备工作时表面温度可达 200 ℃以上，远超宿舍电路设计承受范围。同样危险的还有电热毯，2024 年 12 月某校寝室通宵使用电热毯，因线路老化引发局部引燃，凌晨三点浓烟触发报警系统，全楼 800 余名学生被迫紧急疏散，事后检测发现该电热毯内部温控元件已失效，持续工作状态下局部温度突破 150 ℃。更隐蔽的威胁来自电吹风，某校 2025 年 1 月的安全检查中，收缴的 37 个违规电器里有 29 个是大功率电吹风，测试显示这类产品工作 5 min 电机温度就达 93 ℃，极易引燃附近纺织品。值得警惕的是，近年出现的电暖手宝、车载冰箱等新型电器也逐步进入禁用清单，2025 年 4 月某校宿舍为 800 W 电暖手宝充电时发生爆裂，高温液体造成学生二级烫伤。

这些事故暴露出三个共性安全隐患：首先是电路系统过载，普通宿舍线路设计负载通常不超过 2 000 W，单个大功率电器就可能占据 75% 以上容量；其次是设备质量缺陷，校园周边商铺销售的廉价电器多缺乏过热保护装置；更严重的是使用场景错配，宿舍环境存在大量书本、衣物等易燃物，与高温电器组合形成火灾隐患三角。

为构建有效防护体系，建议实施三级管理制度：在个人层面养成“三查习惯”——查电器功率标签（超过 800 W 立即停用）、查插座温度（手感温热即需报修）、查线路状态（发现表皮破损马上断电）；宿舍层面推行“五个一”标准：一套合规插线板（带过载保护功能）、一张安全值日表（每日记录电器使用情况）、一次月度线路检查、一场季度消防演练、一个应急物资箱（含灭火毯和防烟面罩）；学校层面则应建立智能监控网络，如某校部署的电力监测系统，可实时捕捉异常电流并远程断电，配合热成像摄像头实现全天候防护。

（2）线路安全准则

在宿舍线路使用规范方面，首要原则是严禁私拉乱接。2025 年 4 月某校学生为给电竞设备供电，从空调专用插座违规引出长达 15 m 的电线，经检测，该线路接头处绝缘电阻值仅为 2 MΩ（国家标准要求≥10 MΩ），最终导致一名学生更换设备时遭遇 220 V 电击。同样危险的还有插线板串联使用，某校某宿舍将 4 个插线板首尾相接为 10 台设备供电，峰值电流达 16 A（标准限值 10 A），造成线路持续高温，熔穿 PVC 线管。正确的做法是遵循“三专原则”：专用插座（空调等大功率设备独立回路）、专线供电（学习区域单独布线）、专人管理（每层设电气安全员）。

日常管理中需建立“三位一体”防护体系：个人层面掌握“五不准则”——不湿手操作、不覆盖散热孔、不过载使用、不私改线路、不离电充电；宿舍层面落实“三查制度”——每日查接口温度、每周查线路外观、每月测接地电阻；学校层面构建“双防系统”——智能监控与人工巡检。某校实施的“安全积分”制度，将线路安全与评优挂钩，违规用电行为显著下降。

对于必要用电设备，应遵循“三远离”原则：远离床铺、远离水源、远离易燃物。

2. 财产与人身安全

大学宿舍作为学生生活的重要场所，其安全状况直接关系到学生的生命财产安全。近年来高校宿舍安全事故频发，暴露出用电管理、防盗措施、应急处理等多方面隐患。2024 年某大学发生的连环盗窃案，由于学生离开宿舍未反锁房门，嫌疑人用铁丝 5 s 内就撬开普通门锁，累计盗窃笔记本电脑 9 台。故有必要建立“人防 + 技防 + 制度防”的三维防控体系。

防盗管理需要重点关注薄弱环节，应急能力培养必须注重实战化训练，心理健康安全同样不容忽视。构建长效机制需要制度创新与技术赋能相结合。某校实施的“安全学分制”将消防演练、防盗培训等纳入必修环节，未达标者需重修相关模块。某校在每层宿舍配置物联网烟感装置，报警信息直接推送至安保人员手机，实现火情 3 min 内响应。

7.2.2 工具设备安全操作

1. 清洁工具安全操作规范

（1）扫帚与拖把使用规范

使用前检查扫帚毛刺磨损情况，断裂超过 30% 需更换，防止木刺扎伤；拖把浸泡后需拧至半干状态（含水率≤65%），避免地面湿滑引发跌倒事故；清洁完成后工具悬挂于阳台通风处，禁止堆放在消防通道或床底。

（2）抹布与清洁剂操作要求

不同区域抹布需颜色区分：蓝色（桌面）、黄色（地面）、红色（卫生间），防止交叉污染；含氯消毒剂（如 84）需按 1∶100 比例稀释，操作时佩戴橡胶手套，避免皮肤直接接触。

（3）高空清洁设备限制

禁止使用宿舍提供的折叠梯擦拭高处，需联系后勤人员处理；灯具除尘使用可伸缩静电掸子，断电后操作，避免触碰金属部件。

2. 电气设备安全操作细则

（1）电吹风使用规范

宿舍内电吹风额定功率≤1 200 W，单次使用时间≤8 min，间隔冷却 15 min 后再启动；出风口与可燃物保持≥50 cm 距离，禁止在床帘内或衣物堆旁使用。

（2）插线板管理标准

选购带有过载保护功能的国标产品，禁止串联使用超过两个插线板；电线使用魔术贴固定，悬垂高度≥1 m，避免绊倒或接触水源。

（3）智能设备充电要求

手机、平板充电时置于防火托盘（耐高温≥120 ℃）上，禁止放在床铺或书本堆中；充电宝充满后 30 min 内必须断电，禁止边充边用或包裹在棉被中。

3. 收纳工具操作要点

（1）真空压缩袋使用规范

衣物装入后预留 10% 空间，抽气至袋体完全贴合即停止，过度压缩可能导致拉链爆裂；存储时避开暖气片等热源，防止高温导致塑料变形释放有害物质。

（2）金属置物架组装要求

螺丝紧固需使用配套六角扳手，禁止用钳子暴力拧紧导致螺纹滑丝；层板承重≤15 kg，重型书籍应分散放置于底层。

（3）塑料收纳盒选择标准

优选 PP5 级食品级材质，新购产品需通风晾晒 72 h 去除异味；叠放高度不超过 4 层，底部加装防滑垫防止倾倒。

4. 特殊设备风险控制

（1）挂烫机操作禁令

宿舍严禁使用蒸汽挂烫机，因蒸汽温度达 120 ℃可能引燃化纤织物；衣物除皱改用喷雾熨斗，工作时全程保持直立状态。

（2）刀具管理要求

水果刀需存放在带锁工具箱，刀刃长度≤8 cm，禁止使用开刃刀具；剪刀使用后立即放入磁性刀架，禁止随意放置于桌面或床铺。

5. 危险品处理流程

（1）液体废弃物处置

过期化妆品、药品等密封后贴标签，每周三集中上交物业处理；染发剂残余液需用吸附棉处理，禁止直接倒入下水道。

（2）尖锐垃圾包装标准

破碎玻璃用胶带缠绕加固后装入硬纸盒，标注“危险”字样；废旧电池投入专用回收箱，禁止与普通垃圾混装。

7.3　任务安排与实施

在了解内务整理的相关知识及安全教育内容后，本节将详细规划任务安排，确保学生能够利用相关基础知识，严格遵守安全操作规范，并在教师指导下有序开展整理实践，通过逐步引导与实时反馈，提升学生的实际操作能力与安全意识，为后续任务实践奠定坚实基础。

7.3.1　实施方案

1. 前期准备

（1）培训阶段（0.5 课时）

主讲教师在课堂讲解内务整理分类方法、个人宿舍卫生、床铺卫生、书桌卫生整理标准。示范主要几类衣物收纳方法等技巧。

（2）独自成组

每位同学以个人为单位，进行宿舍卫生、床铺卫生、桌面卫生、衣橱收纳等整理工作。

2. 实践流程

（1）卫生整理

按宿舍区域划分整理个人卫生和宿舍卫生。

（2）环境维护

整理好个人卫生后，按日常生活所需，维护环境卫生。

3. 评价机制

评判机制主要内容为劳动成果考核，其中需要做到宿舍整齐、床铺规整、书桌干净、衣橱规整，在劳动后的反思报告中，需要提交劳动心得及改进建议。

7.3.2 保障措施

本部分需要确保做到劳动过程安全规范。例如，全员配备防尘口罩等防护装备，操作前检查工具安全性，严禁攀高作业或使用不稳固支撑物。定期开展急救技能培训，确保紧急情况处置响应不超过 3 min。

7.4 成果展示及教师评分

7.4.1 课程说明与展示要求

1. 劳动时长与课时安排

内务整理实践课程共计 4 课时，在老师的指导下，涵盖学习分类知识、整理床铺、衣橱、书桌、宿舍环境四个操作环节。同学需听从指导老师的要求，合理规划每个课时的任务安排，确保在规定时间内高质量完成既定目标。

2. 照片记录要求

在内务整理实践过程中，建议大家进行拍照记录。拍照记录具有双重重要意义，一方面，它能够为同宿舍同学定格下共同参与劳动的美好瞬间，成为日后珍贵的回忆；另一方面，也为任课老师提供了直观、清晰的评分依据，有助于老师更全面、准确地评估各位同学的实践成果。

（1）记录内容

劳动成果展示：每个课时结束后，各位同学需对当前课时的内务整理成果进行全方位、多角度拍照记录。照片应清晰呈现劳动成果。照片应包含组员专注工作的神情、使用的工具设备、操作的动作规范等内容，以体现组员的实践参与度和团队协作精神。

（2）照片质量与数量

质量要求：照片无强制性的专业设备或高规格打印要求，但必须保证图像清晰，能够清晰辨认作品细节和人物面部特征，确保老师能够清晰明了地查看照片内容。

数量要求：用于记录每个课时劳动成果的照片数量不设上限，鼓励同学们根据实际情况充分记录，以全面展示工作过程和成果。但需注意避免拍摄大量重复、无实质内容的照片，提高照片的有效性和针对性。

（3）照片整理与提交

打印与装订：所有照片需在课程结束后统一打印成纸质材料。打印时，应选择合适的纸张规格和质量，确保照片易于查看和保存。打印完成后，按照课时顺序将照片进行整理装订，形成一个完整的课时照片集。

成果展示栏标注：将装订好的照片集张贴至后续指定的成果展示栏中。在照片集封面或醒目位置，清晰标注班级、学号、姓名、宿舍号、课程名称、完成日期等基本信息。同时，在每张照片下方或合适位置，用简洁明了的文字说明照片所对应的课时、记录内容（如内务整理具体时间、操作环节等）。

7.4.2　成果展示

小组信息及成员劳动占比、成果展示请记录在表 7-1 和表 7-2 中。

表 7-1　小组信息及成员劳动占比

<table>
<tr><td rowspan="2">项　目</td><td colspan="2">内　容</td></tr>
<tr><td>姓　名</td><td>劳动占比（总 100%）</td></tr>
<tr><td>组　长</td><td></td><td></td></tr>
<tr><td>组　员</td><td></td><td></td></tr>
<tr><td>班　级</td><td colspan="2"></td></tr>
<tr><td>组　别</td><td colspan="2"></td></tr>
</table>

笔记栏

表 7-2　成果展示单

劳动时间 （年 / 月 / 日）	成果展示	劳动内容
	（照片粘贴处）	

续上表

劳动时间 （年 / 月 / 日）	成果展示	劳动内容
	（照片粘贴处）	

续上表

劳动时间 （年 / 月 / 日）	成果展示	劳动内容
	（照片粘贴处）	

续上表

劳动时间（年 / 月 / 日）	成果展示	劳动内容
	（照片粘贴处）	

续上表

劳动时间（年/月/日）	成果展示	劳动内容
学生实践收获与感想		
教师总体评分		